Dino Larese

PHILOSOPHEN
AM BODENSEE

Dino Larese (Hrsg.)

PHILOSOPHEN AM BODENSEE

OTTO FRIEDRICH BOLLNOW · JULIUS SCHMIDHAUSER
MARTIN HEIDEGGER · LUDWIG BINSWANGER
CARL GUSTAV JUNG · PAUL HÄBERLIN
LEOPOLD ZIEGLER · FRITZ MAUTHNER

Kulturkreis Bodensee

VERLAG
ROBERT
GESSLER

©1999 Verlag Robert Gessler, Friedrichshafen
Alle Rechte dieser Ausgabe vorbehalten
Umschlag: Robert Schäfer, Friedrichshafen
Satz, Reproduktion und Druck: Robert Gessler, Friedrichshafen
Bindearbeiten: MBB Moser, Ravensburg-Schmalegg

ISBN 3-86136-030-6

INHALT

OTTO FRIEDRICH BOLLNOW

Dino Larese	Philosophie der Hoffnung	9
Otto Friedrich Bollnow	Über die Tugenden des Erziehers	18
Otto Friedrich Bollnow	Nietzsche und Leopardi	33

JULIUS SCHMIDHAUSER

Julius Schmidhauser	Glorie und Tragödie des Menschen	41
Dino Larese	Der steinige Weg des Denkens	44

MARTIN HEIDEGGER

Dino Larese	Mit Heidegger in Hauptwil	55
Emil Staiger	Sein und Zeit (Ansprache)	58
Martin Heidegger	Fragen nach dem Aufenthalt des Menschen (Dankrede)	62
Martin Heidegger	Zur Einweihungsfeier für das Gymnasium in Meßkirch	66
Martin Heidegger	Wirkendes Wort (Lesung)	69

LUDWIG BINSWANGER

Hans Geigenmüller	Ludwig Binswangers Weg zur Daseinsanalyse	77
Ludwig Binswanger	Vom anthropologischen Sinn der Verstiegenheit	84
Dino Larese	Ludwig Binswanger	91

CARL GUSTAV JUNG

Karl Kerényi	C. G. Jung oder die Durchgeistigung der Seele 103
Carl Gustav Jung	Der Dichter 108

PAUL HÄBERLIN

Peter Kamm	Paul Häberlin 121
Hannes Maeder	Die tragenden Gedanken von Häberlins Philosophie 133
Paul Häberlin	Philosophie 136

LEOPOLD ZIEGLER

Leopold Ziegler	Kurz gefaßter Lebensabriß 147
Leopold Ziegler	Von der Muttergottheit 151

FRITZ MAUTHNER

Elisabeth Leinfellner und Hubert Schleichert	Fritz Mauthner, der schwierige Kritiker 169
Robert Faesi	Begegnungen mit Fritz Mauthner 176
Fritz Mauthner	Buchwidmung für Bruder Ernst 178
Fritz Mauthner	Auszug aus „Wörterbuch der Philosophie" 180

ANHANG

Dino Larese	Nachwort 184
	Quellenverzeichnis 186

OTTO FRIEDRICH BOLLNOW
1903 – 1991

OTTO FRIEDRICH BOLLNOW

Werdegang

Am 14. März 1903 kam Otto Friedrich Bollnow in Stettin zur Welt. Nach dem Besuch des humanistischen Gymnasiums begann er in Charlottenburg, an der Technischen Hochschule mit dem Architekturstudium, er entschied sich jedoch bald für das Studium der Mathematik und Physik. Bollnow verlegte seine Studien nach Greifswald, später nach Göttingen. Bei Max Born schloß er im Jahre 1925 sein Universitätsstudium mit einer Arbeit über, „Gittertheorie der Kristalle" ab. Die Zeit als Lehrer an der Odenwaldschule und die Begegnung mit Geheeb im Winter 1925/26 bedeutete ein Fingerzeig für eine Wende der beruflichen Laufbahn. Er beschäftigte sich nun mit Philosophie und Pädagogik und studierte bei Martin Heidegger in Marburg und Freiburg. Im Jahre 1931 habilitierte er sich für Philosophie und Pädagogik an der Universität Giessen. Anschließend zog er an die neugeschaffene Universität Mainz. Im Jahre 1953 folgte er einem Ruf an die Universität Tübingen. Viele Reisen führten ihn in die Schweiz, nach Italien, vor allem nach Japan, wo seinem Werk eine große Anteilnahme entgegengebracht wurde.

OTTO FRIEDRICH BOLLNOW

Philosophie der Hoffnung

Dino Larese

An den Anfang dieser Lebensskizze möchte ich den für mich und mein Wirken entscheidenden Satz von Bollnow stellen, „indem man den Menschen zur Sprache erweckt, indem man ihn reden lernt, bildet man ihn zum Menschen"; denn damit war für mich ein mir entsprechendes Bekenntnis, eine Haltung und zugleich eine Richtung ausgesprochen, die mich zutiefst bewegte und wohl mitbestimmend war zu meiner Hinneigung zu seinem Werk, das mich im nachhinein mit der brennenden Neugierde erfüllte, diesen seltsamen, scheinbar unzeitgemäßen Mann kennenzulernen, der in unserer Zeit der Isolation, der Negierung, des Verlorenseins und Hinausgeworfenseins, der Existenzangst, der Vereinsamung in unbeirrbarer Gläubigkeit von der Geborgenheit, vom heimischen Wohnen, vom aufbauenden Sinn des Feierns und Festens sprach, um nur einige Hinweise auf den Raum seines Denkens zu geben.
Ich begegnete Bollnow erstmals in unserm Garten im Thurgau an einem warmen Juliabend; ich hatte ihn eingeladen, an unsern thurgauischen Lehrerfortbildungskursen mitzuwirken. Eine fast übermütig-fröhlich gelöste, großzügigherzliche Stimmung wuchs um seine Gestalt, als er im Kerzenlicht, bei einem Glase Wein, von seiner Welt, von Begegnungen und Menschen sprach; das Gartendunkel, vom Gesang einer Grille zaubrisch durchwirkt, schuf um uns den Raum des Zusammenseins, des Einmalig-Festlichen, Unvergeßlichen, des Spontanen, – als wir Bollnow in Tübingen besuchten, war der Tag überhell, fast glasig-heiß, in der Helle dieses Tages trat mir Bollnow wie von einer andern Seite seines Wesens entgegen, zurückhaltend, scheu fast, im Gespräch immer vom Persönlichen, Privaten Abstand nehmend, wegführend, als hüte er sich vor jeder Möglichkeit einer Bloßstellung seines Innern, er war karg mit Mitteilungen, mit

OTTO FRIEDRICH BOLLNOW

Fakten des Biographischen, als fürchte er die Widerspiegelung seiner innern Welt im Erzählen des äußern Lebensweges, aber das verborgenuntergründige, redliche, anständige, gütige, sagen wir auch pestalozzische Element seiner Person, das wir in Amriswil in aufgetaner Stunde strahlend erlebten, drang auch an diesem Tag erhellend durch alle hindernden und abweisenden Gebärden hindurch und schuf zwischen uns die verstehende Zwiesprache. Vielleicht war dieser so unterschiedliche Beginn der beiden Begegnungen eine Laune des Tages, der Stimmung, ein Zufall; aber in diesem Gespräch hatte auch diese scheinbare Zwiespältigkeit ihren Platz. Ich sehe ihn jetzt genau vor mir mit seiner eher breiten Gestalt, wie er mit kleinen lebhaften Schritten vor mir her durch die Klosteranlage von Bebenhausen geht und mich auf die baulichen Eigenarten und Schönheiten aufmerksam macht, ich sehe ihn in seinem Haus in Lustnau, mit den hellen offenen Räumen, den antiken Möbeln, zum Teil vererbten Kleinodien, den alten Bildern, im Laufe der Jahre mit großer Liebe gesammelt, an den weißen Wänden; ich stehe in seinem Arbeitszimmer mit dem weiten Fenster, das unsern Blick über die Hügelzüge der Alb schweifen lässt, und ich erinnere mich, wie er mit einer spontanen, überraschenden Offenheit und Selbstverständlichkeit einen Kasten öffnet und seine Manuskripte zeigt, die alle in Maschinenschrift vorliegen, er vernichtet zumeist das Handgeschriebene, einige Einschiebeblätter dokumentieren seine Handschrift, als müßte er auch hier das Private, Intime weglegen, das Werk zählt in der Klarheit der Maschinenbuchstaben; Er zeigt mir seine Bücher, mit einem berechtigten Stolz die Übersetzungen ins Japanische, in Japan ist sein Werk besonders stark verbreitet, wo er auch eine der wenigen Auszeichnungen erhielt, nämlich die Ehrenprofessur von der Universität Tamagawa. Diese von Dr. Kuniyoshi gegründete Universität liegt in der Nähe von Tokio. Schon von Spranger her pflegte sie gute Beziehungen zur deutschen Pädagogik. Bollnow hielt an dieser der deutschen Reformpädagogik nahestehenden Privat-Universität im Jahre 1972 verschiedene Symposien mit japanischen Kollegen über Probleme der pädagogischen Anthropologie. Vielleicht darf hier noch erwähnt werden, dass Bollnow während vier Jahren die neugegründete Deutsche Gesellschaft für Erziehungswissenschaft als Vorsitzender leitete. In dieser fast knabenhaft ehrlichen Freude über diese Auszeichnung und dem ungekränkten, nicht wichtig nehmenden Achselzucken über eine gewisse Nichtbeachtung in der Heimat erlebe ich das besonders Liebenswerte seiner Menschlichkeit.

Ich glaube kaum, daß man das Spekulative auf seine Herkunft anwenden kann, wenn auch das Wendische in seinem Namen Bollnow geheimnisvoll und rätselhaft und hintergründig erscheinen mag. Bollnow ist ursprünglich ein Ortsname im Raume von Pommern, Brandenburg und Mecklenburg, wenn auch ein solcher Ort in der Gegenwart nicht bekannt ist. Seine Ahnen, vorwiegend Kleinbauern, kommen aus der Gegend um Stralsund. Sein Urgroßvater war Weber, dessen Vater Kuhhirt. Bollnows Grossvater Carl wirkte als Lehrer in Latzow, einem kleinen Dorf im Kreise Greifswald, wo der Knabe Otto Friedrich Bollnow stets seine Schulferien verbrachte und das für ihn in der Erinnerung als Kinderheimat unvergeßlich bleibt. Sein Vater Otto war, nach einer Hauslehrerzeit in Davos, zuerst Lehrer in Greifswald, wo er auch Bollnows Mutter kennenlernte, sie stammte von der Insel Rügen und hatte sich als Lehrerin ausgebildet. Am 14. März 1903 kam Otto Friedrich Bollnow in Stettin zur Welt, wo er die Volksschule besuchte. Seine eigentliche Schulzeit erlebte er aber in Anklam, wohin sein Vater als Rektor der Volksschule berufen worden war. Er wuchs in einer pädagogischen Landschaft auf, die sein Wesen prägte und seinen Werdegang mitbestimmte. Sein Vater wirkte eifrig mit in den damaligen schulreformischen Bestrebungen, damals schon setzte er sich für die Schaffung von Schulkindergärten ein. Freilich hinterließ das humanistische Gymnasium kaum tiefer haftende Eindrücke, Bollnow war ein braver, unauffälliger Schüler in dieser den Zeitströmungen verschlossenen Schule, wo er dann das Abitur ablegte. Der Beginn der Studien in Berlin bedeutete ein Aufreißen der engen Welt der Kleinstadt. Der anfängliche Wunsch, Maler zu werden, scheiterte am Widerstand seines Vaters, der den Sohn in einem gesicherten Beruf versorgt wissen wollte. Bollnow begann in Charlottenburg an der Technischen Hochschule mit dem Architekturstudium, entschied sich aber schon nach einem Semester für das Studium der Mathematik und der Physik. In dieser Zeit wurde die Begegnung mit der Jugendbewegung, in der er in einer kleinen studentischen Gruppe mit Namen „Skuld" ein leidenschaftlich erfülltes Gemeinschaftserlebnis erfahren durfte, zu

OTTO FRIEDRICH BOLLNOW

einem bestimmenden Element für seine spätere wissenschaftliche Arbeit. Ebenso entscheidend waren aber die Begegnungen mit bedeutenden Lehrern wie Max Planck, von Laue, Spranger und Riehl, bei denen er philosophische und pädagogische Vorlesungen belegte. Bedingt durch die Inflation, die ihn zu einer engern Bindung mit dem Vaterhause zwang, verlegte er seine Studien in das näher gelegene Greifswald, später nach Göttingen, wo ihn Max Born, James Frank, Richard Courant, Georg Misch und Herman Nohl, deren Seminare er besuchte, von der wissenschaftlichen wie von der menschlichen Seite her tief beeindruckten. Bei Max Born schloß er im Jahre 1925 mit einer Arbeit über die Gittertheorie der Kristalle seine Universitätsstudien einstweilen ab.

Bollnow betrachtet aber die Zeit als Lehrer an der Odenwaldschule im Winter von 1925 auf 1926 als entscheidenden Fingerzeig zu einer Wende in seiner beruflichen Laufbahn. Die Begegnungen mit Geheeb, dem er später zum 90. Geburtstag als Dekan der Tübinger Philosophischen Fakultät die Ehrendoktorurkunde nach Goldern im Kanton Bern zu bringen hatte, und Wagenschein, das freie Leben an der Schule, die ausgedehnte Lektüre, die engen Bindungen mit den Schülern wiesen ihn eindeutig in den Raum der Philosophie und Pädagogik. In Göttingen schloß er im Jahre 1927 zuerst mit dem Staatsexamen die bisherigen Studien ab, um dann auf Anregung von Nohl mit einer Habilitationsschrift über F. H. Jacobi zu beginnen. Die aufwühlende Lektüre von „Sein und Zeit" veranlaßte ihn, das Studium bei Martin Heidegger aufzunehmen, ein Semester weilte er in Marburg, um dann zwei weitere Semester bei dem nach Freiburg gezogenen Heidegger zu belegen. Trotz der Faszination seines Denkens stand er dem verehrten Lehrer auch in vielen Belangen kritisch gegenüber. Der Einfluß von Diltheys Gedankenwelt führte Bollnow im Jahre 1929 nach Göttingen, wo er zu Misch und Nohl in engere Beziehung trat. Im Jahre 1931 wurde Bollnow Nohls Assistent. Er sagt von ihm: „Nohl war ein begeisternder Lehrer, der in jugendlichem Schwung seine Hörer fortzureißen verstand und einen auch menschlich eng miteinander verbundenen Schülerkreis um sich bildete, in dem die pädagogischen Probleme der damaligen Zeit lebhaft diskutiertwurden."

Misch, eher ein spröder, grübelnder Denker, wurde dank seiner geduldigen, unabhängigen Forscherqualität, der die Probleme in ihrer Ganzheit umfaßte, zum verehrten Vorbild. Bollnow äußert sich über Misch: „Misch bemühte sich in einer selbständig weiterführenden Interpretation der damals neu bekanntgewordenen Aufzeichnungen des späten Dilthey, die produktive, bedeutungschaffende Bewegung des Lebens herauszuarbeiten...".

Bei Misch hörte Bollnow Vorlesungen über Logik und Wissenschaftstheorie; dieser GöttingerKreis umfaßte neben Misch noch König und Lipps, den Bollnow erst später näher kennenlernte und mit dem er freundschaftlich verbunden war, er sagt von ihm: „Bei ihm, dem früheren Husserl-Schüler, lernte ich die Phänomenologie in einer sehr eigenwilligen, ganz selbständigen Ausprägung kennen. Seine stark an dem natürlichen Sprachgebrauch orientierten Phänomenanalysen haben mir viel auf meinem eigenen Weg geholfen."

Im Jahre 1931 habilitierte sich Bollnow in Göttingen für Philosophie und Pädagogik. Aber wenn er nun auf eine glückliche wissenschaftliche Arbeit gehofft hatte, sah er sich durch das Aufkommen des Nationalsozialismus bald getäuscht, seine Lehrer wurden entlassen, er war, knapp geduldet, praktisch allein, und weil die Pädagogik nun andere, nationalistische Wege ging, verzichtete er auf die Lehrtätigkeit und beschränkte sich auf die stille, abseitige wissenschaftliche Forschung in der Philosophie der Geisteswissenschaften. In dieser Zeit wuchs das Buch über Dilthey, aber es war auch die gesegnete Zeit, da er sich mit der romantischen Mythologie und Naturphilosophie befaßte. Im Jahre 1938 führte ihn, wie er selber sagt, ein unerwarteter Zufall an den Lehrstuhl für Psychologie und Pädagogik an der Universität Giessen; eine schöne, verantwortungsvolle Lehrtätigkeit an einer kleinen, ruhigen, etwas abseitsgelegenen Hochschule entsprach seinem Wesen und machte ihn glücklich. In diesem Jahr verheiratete er sich mit Ortrud Bürger, die er als Assistentin in Giessen kennengelernt hatte, sie hatte dort über Wilhelm Raabe doktoriert. In Giessen hatte Bollnow nun auch die Möglichkeit, sich mit der Geschichte der Pädagogik zu beschäftigen; aus diesen Forschungen entstand das Buch über die Pädagogik der deutschen Romantik.

Dann brach der unheilvolle Krieg aus, der auch Bollnows Leben überschattete und verdunkelte. Unter dem Eindruck dieser Schrecknisse schrieb er sein Buch

OTTO FRIEDRICH BOLLNOW

über die Stimmungen; ebenfalls aus der Not und dem Leid dieser Zeit wuchs das Buch über die Ehrfurcht als Dokument des Humanen. Während des Krieges konnte er eine Zeitlang seine Tätigkeit in Giessen fortsetzen, dann wurde auch er im Jahre 1943 zum Kriegsdienst gezwungen, als Kraftfahrer bei der beobachtenden Artillerie, dann aber in seinem früheren Beruf als Physiker bei einer Forschungsanstalt der Luftwaffe und später am Giessener Institut für theoretische Physik eingesetzt.

Nach Kriegsende, im Winter 1945 auf 1946, ging er zur Vertretung eines philosophischen Lehrstuhls nach Kiel, kehrte dann aber an die Giessener Universität zurück. Als diese Hochschule geschlossen wurde, zog er mit andern Giessener Kollegen an die neu eröffnete Universität Mainz. Es war, in bedrängenden Nachkriegsverhältnissen, trotz allem eine fruchtbare Zeit des Aufbaus, ein neues bewußtes geistiges Leben, ein Aufatmen nach einem unerträglich gewordenen Dasein, sagt Bollnow, das französische Geistesleben öffnete sich wieder, geistige Begegnungen mit Sartre, Camus, Marcel öffneten die Türe zum französischen Geistesleben. Bei Studenten und Lehrern war ein kaum zu stillender Hunger nach der Freiheit des geistigen Reiches, nach der Begegnung mit der Universalität der Welt, der alle beseligte und die Mainzer Periode zu einem erinnerungswerten Abschnitt in seiner Lebensfahrt werden ließ. In Mainz entwickelten sich auch die Anfänge einer pädagogischen Anthropologie.

Im Jahre 1953 folgte Bollnow dem Ruf der alten traditionsreichen Universität Tübingen als Nachfolger des verehrten Eduard Spranger, wo ihn die Anforderungen der dortigen Studenten eindeutig zur Pädagogik zurückführten. Reisen führten ihn in die Schweiz, nach Italien, nach Argentinien, er ist Ehrenbürger der Argentinischen Universitäten, vor allem nach Japan, wo seinem Werk eine lebendige Anteilnahme entgegengebracht wurde und wo ihn Mensch und Landschaft zutiefst beeindruckten. Im Jahre 1970 trat er von seinem Lehramt zurück, ohne aber ganz auf seine Lehrtätigkeit zu verzichten; er beschränkte sich vor allem auf die philosophischen Vorlesungen.

Ich habe selten so eindrücklich die stille, ausstrahlende und nachhaltige Wirkung seiner Person und seiner Lehre erlebt wie an der Feier zu seinen Ehren, die wir am 2. März 1975 in Amriswil durchführten, und wie dabei viele seiner

OTTO FRIEDRICH BOLLNOW

Schüler, die nun an maßgebenden Posten der pädagogischen Hochschulen im süddeutschen Raum wirken, nicht nur ehrend das Wort in der Öffentlichkeit der Feier ergriffen, sondern im abendlichen Gespräch im Rittersaal des Schlosses Hagenwil die tiefe Berührung in ihrem Wesen spüren ließen, ohne dies mit pathetischen Worten kundzutun. Es ist wie ein Neuland, ein weißer Kontinent, in den Bollnow sie führt, er gibt eine neue Besinnung in der Sprache unserer Gegenwart auf die innern Werte, die in den Begriffen Geborgenheit, Begegnung, Unzerstörbarkeit, Heimat, Wohnen im Ganzen, Festlichkeit, Ehrfurcht oder wie wir das Natürlich-Menschliche im weitem benennen wollen, zu Hause sind.

Ich glaube, eine Faszination seines Wirkens ist der Zusammenklang von Philosophie und Pädagogik, oder wie er selber sagt, dort, wo sich Philosophie und Pädagogik überschneiden, liegt sein eigentliches Interessengebiet. Bollnow umschreibt in seinem Lebensbericht mit genauen Worten die Landschaft seiner wissenschaftlichen Arbeit:

„Mich haben in der Philosophie vor allem die ‚praktischen' Fächer interessiert, die sich unmittelbar auf das menschliche Leben beziehen: Ethik, Ästhetik, Geschichtsphilosophie und die Methodenprobleme der Geisteswissenschaften, sowie insbesondere alles das, was man dann als philosophische Anthropologie bezeichnet hat. In der Geschichte der Philosophie beschäftigen mich vor allem die Strömungen der letztvergangenen Zeit, in denen sich die brennenden Probleme der Gegenwart ausdrücken: Lebensphilosophie, Phänomenologie und Existenzphilosophie. In der Pädagogik waren es wiederum die allgemeinen philosophischen Grundlagen und insbesondere philosophisch-anthropologische Fragen, so daß ich mein Arbeitsgebiet am besten als das einer pädagogischen Anthropologie bezeichnen möchte."

Diese innere Einheit, diese Verschwisterung, erkennen wir im nachhinein auch im Rückblick auf die äußere Bahn seiner Lebensfahrt.

Die andere Seite seiner Ausstrahlung, die ich verwandtschaftlich-nachbarlich spüre, wenn ich in meine Schulstube trete, ist sein vertrauender, unzeitgemäßer Mut, in einer Welt der selbstischen Verwissenschaftlichung, des Kritisch-Negativen, des Niederreißenden, der Heimatlosigkeit, der zersetzenden Angst, der

OTTO FRIEDRICH BOLLNOW

Bedrohung, die aufbauenden, das Ganze des Lebens umfassenden Kräfte zu erkennen, zu bejahen und zu verkünden, ohne dabei ins Kleinbürgerliche, Biedere, Brave, Satte, Versicherbare abzusinken. Geborgenheit ist nicht Sicherheit, sie muß täglich neu errungen werden; in dieser schmerzhaften Spannung von Kampf und Ausruhen, von Heimatverwurzelung und Verlorenheit, von Verlieren und Erobern, um es scheinbar zu besitzen, von Angst und Vertrauen, in der vibrierenden Unruhe des Sichernden um die immer wieder gefährdete und bedrohte Geborgenheit ist das Lebendige des Seins, das uns zum Menschen bildet.

In meiner Schulstube, in meinem privaten und öffentlichen Leben gilt die Erziehung nur in diesem Wagnis, diesem immerwährenden Suchen, im steten Bemühen, die Angst zu überwinden, das Verstehen zu lernen, das Erkennen von Krisen, durch die man hindurchgehen muß, um sich zu entdecken, um zum Versuch zu einer Gemeinschaft zu gelangen; denn die Wahrheit, um die wir uns immer bemühen, ist einerseits hart, grausam, aber sie ist auch gut, menschlich; im Erschauen dieses Doppelten im Ganzen wächst die pädagogische Atmosphäre, das seelische Klima, die mütterliche Vertrautheit, aus der wir die Einsamkeit ertragen können; im Kinde das Vertrauen zum Ganzen in der Welt und in seinem Leben zu schaffen ist der Impetus meiner erzieherischen Arbeit. Es ist nicht eine naive Sicherheit, keine verschwommene Sentimentalität, die Bollnows Forderungen erfüllt; er zeigt uns mit einer klaren Sprache den Weg ins entscheidende Zentrum der Dinge. Unmittelbar, offen stehen wir dem Ganzen und der Fülle des Lebens gegenüber. Zu dieser Schau, zu dieser Erweckung gibt er mir das neugetönte Instrument der Sprache; Sprache ist mehr als ein Zweckgegenstand; sie trägt eine eigene bildende Kraft in sich; sie gibt uns wieder Wohnung und Heimat in ihrem unzerstörbaren Raum; sie gibt uns aber das Entscheidende der Begegnung, wenn wir sie als Einheit von Denken und Sprechen erkennen, nämlich die Bereitschaft zum Gespräch, das ist die Freiheit zur Begegnung mit dem Mitmenschen. Aus dieser Begegnung wächst das neue Selbstvertrauen, strömen die Quellen der Geduld, der Dankbarkeit, des Wartenkönnens, wächst seine Philosophie der Hoffnung. Hoffnung im Bollnowschen Sinn bedeutet nicht Sicherheit und Sattheit und laues Beiseitestehen, sondern Bewußtwerden des Seins über dem Abgrund ständiger Bedrohung. Ich glaube, es ist der tiefe Sinn seines Wirkens, dem Menschen zu helfen; Lebenshilfe ist für Bollnow nicht ein übliches, abgegriffenes oder engbegrenztes Wort, sondern ein erfüllter, aber spannungsgeladener Raum, wo die Güte nicht passiv gegeben ist, sondern immer lebendig kämpft und wirkt um ihre Berechtigung, um ihre Notwendigkeit im menschlichen Zusammenleben. Hier begegnet mir nun sein Wesen wieder in der brüderlichen Nähe von Pestalozzi. Habe ich Bollnow richtig erschaut? Ich stelle diese kleine Lebensskizze unter das Signet der freundschaftlichen Begegnung.

OTTO FRIEDRICH BOLLNOW

Über die Tugenden des Erziehers
verfaßt von Otto Friedrich Bollnow

Über die Tugenden des Erziehers zu sprechen ist heute ein gewagtes Unternehmen. Man setzt sich dabei dem Verdacht aus, vor einer nüchternen wissenschaftlichen Behandlung des Erziehungsvorgangs in eine billige moralisierende Betrachtungsweise zurückzuweichen, die wir durch die Ausbildung einer empirischen Erziehungswissenschaft endlich überwunden zu haben glaubten. Schon das bloße Wort „Tugend" ist heute nicht nur in der Wissenschaft, sondern auch im alltäglichen Sprachgebrauch verdächtig geworden. Es klingt nach einer ängstlichen Anpassung an die Forderungen der herrschenden Moral, nach der Haltung eines blassen Musterschülers, der sich nicht aufzulehnen wagt und sich widerspruchslos allen Anforderungen seiner Umwelt fügt. Tugendhaftigkeit scheint mehr in einem Verzicht als in der Äußerung eines kraftvoll sich entfaltenden Lebens zu liegen. War noch vor 100 Jahren die Tugendhaftigkeit die Auszeichnung eines wohlgeratenen jungen Menschen, so wird sich die heutige Jugend nicht gern als tugendhaft bezeichnen lassen. Von einem tugendhaften Lehrer oder Erzieher zu sprechen ist heute nahezu unmöglich. Es würde gleich die Vorstellung von Untertanengeist und mangelnder Zivilcourage erwecken.

Und dennoch darf man bei aller wissenschaftlichen Behandlung des Erziehungs- und Unterrichtsvorgangs nicht vergessen, daß es letztlich der Mensch ist, die in ihrer vollen Menschlichkeit überzeugende Persönlichkeit, die im Kind erst die Erziehungsbereitschaft hervorruft und ohne die alle Erziehungsbemühung wirkungslos bliebe. Ich erinnere an das tiefe Wort Adalbert Stifters aus dem „Nachsommer": „Zur Erziehung muß man etwas sein. Wenn jemand etwas ist, dann erzieht er auch leicht." Dadurch angeregt fragen wir weiter: Läßt sich dieses Sein nicht noch etwas genauer bestimmen? Wir sagen auch, er muß eine Persönlichkeit sein, und das Person-sein des Lehrers rückt heute nach langer Vergessenheit wieder stärker in die Diskussion. Aber wir fragen darüber hinaus: Welches sind die besonderen Eigenschaften, die eine Erzieherpersönlichkeit als solche bestimmen? Wir bezeichnen sie als seine Tugenden, und ich glaube, daß wir keinen Grund haben, dieses gute alte Wort zu vermeiden, wenn wir es nur im Sinne der griechischen areté verstehen, die die vollkommene Ausprägung einer spezifischen Eigenschaft, nicht nur eines Menschen, sondern auch eines Tiers oder sogar eines Geräts bezeichnet, seine „Bestheit", wie der Tübinger Gräzist Schadewaldt dies Wort übersetzt hat und wie es ja auch im Deutschen in der Herkunft des Wortes Tugend von Taugen, Tauglichkeit und Tüchtigkeit zum Ausdruck kommt.

Die Frage nach den spezifischen Tugenden des Erziehers, d.h. die Frage nach den besonderen Qualitäten, die zur Erfüllung seines Erziehungsauftrages erforderlich sind, ist meines Wissens lange nicht systematisch gestellt worden (obgleich natürlich über einzelne von ihnen, an die verschiedensten Stellen verstreut, manches Gute gesagt und geschrieben ist). Ich möchte aber nicht versäumen, hier wenigstens an den großen Didaktiker Wolfgang Ratke zu erinnern, dessen Werk nach mehr als 400jähriger Verborgenheit jetzt endlich in einer Publikation der Ostberliner Akademie der Wissenschaften zugänglich gemacht ist. Vor allem in seiner „Schuldieneramtslehr" erörtert er im Rahmen einer umfassenden Berufskunde des Lehrers, wie sie in dieser Vollständigkeit wohl nie wieder unternommen ist[1], auch die Voraussetzungen, die der Lehrer erfüllen muß, wenn er sein Amt angemessen ausüben will. Dabei unterscheidet er zwischen den Tugenden, die dem Lehrer schon als Menschen allgemein zukommen, und denen, die aus den besonderen Anforderungen seines Berufs entspringen. Zu den letzteren gehören bei Ratke neben der Gottesfurcht, die er als „Grund und Fundament aller anderen Tugenden" betrachtet, die „Liebe gegen die Lehrjünger", d.h. die Schüler, die Demut, die Freundlichkeit, die Treue, der Fleiß usw. Ich kann das hier nicht weiter ausführen, aber wollte doch die Gelegenheit ergreifen, auf dies lange vergessene Werk mit Nachdruck hinzuweisen.

Mein Ziel ist heute bescheidener. Ich möchte nur drei Tugenden herausgreifen, die mir beim Erzieher für das Gelingen seiner Bemühungen besonders wichtig zu sein scheinen: die erzieherische Liebe, die Geduld und das Vertrauen.

*

Die erste der erzieherischen Tugenden ist die Liebe. Sie allein gibt dem auf die Veränderung der seelischen Struktur des zu Erziehenden gerichteten Tun einen warmen menschlichen Ton und macht überhaupt erst den Eingriff in die Persönlichkeit des Kindes, so sehr dieser sachlich berechtigt und gefordert sein mag, für das Kind erträglich. Aber mit dem Wort Liebe ist zu wenig gesagt. Es ist eine Liebe besonderer Art, die wir in ihrer Besonderheit erfassen müssen.

a) Man hat seit alters her gern von einem pädagogischen Eros gesprochen und damit auf die tiefsinnige Lehre Platons verwiesen: die Liebe zur schönen Seele im schönen Leib des Knaben, die sich dann zur Liebe zum Schönen überhaupt erhebt. Und sicher ist damit, wenn wir von der Besonderheit der griechischen Knabenliebe absehen, etwas Wesentliches getroffen: der eigentümlich ästhetische, frohgemute, ich möchte sagen: frühlingshafte Zug in der erzieherischen Zuwendung. Wir freuen uns an dieser Freude des Erziehers an seinem Tun. Viele sind erst dadurch zu Erziehern geworden.
Trotzdem liegt in dieser Erotisierung der Erziehung, auch wenn sie noch so vergeistigt verstanden wird, eine Gefahr. Auf jeden Fall trifft sie nicht den Kern des erzieherischen Verhältnisses, und es ist wichtig, sich den Unterschied klarzumachen. Max Scheler hat in seinem Buch über „Wesen und Formen der Sympathie" in überzeugender Weise herausgearbeitet, wie die Liebe nicht etwa blind macht, wie eine verbreitete Redensart sagt, sondern im Gegenteil die Augen öffnet für die in einem Menschen vorhandenen Wertqualitäten. Die Liebe ist bewundernd, aufschauend, nicht umsonst spricht man in der Umgangssprache von einer Angebeteten und einem Anbeter. Auf jeden Fall: der Liebende liebt den Menschen so, wie er ist, in der in ihm erscheinenden Vollkommenheit. Er kann gar nicht auf den Gedanken kommen, an dem geliebten andern Menschen etwas ändern zu wollen. Zusammengefaßt: die erotisch verstandene Liebe

Bollnow und seine Liebe zur Kunst

schließt die Absicht, etwas verändern zu wollen, und damit die pädagogische Absicht aus, und wo sie auftritt, wird sie vom Geliebten als Verrat an der Liebe empfunden. Das gilt auch vom Verhalten zum Kind. Die ästhetisch geprägte Liebe freut sich an der Vollkommenheit des Kindes, und zwar grade so, wie es jetzt ist, in diesem Stadium seiner Entwicklung. Sie kann höchstens nur mit Wehmut daran denken, wie bald die Entwicklung darüber hinausgeht und die jetzige Schönheit wieder zerstört. Sie fragt vielleicht in tiefer Resignation, warum aus so glücklich-schönen Kindern so abscheuliche Erwachsene werden. Noch einmal: Die erotische Liebe nimmt den geliebten Menschen so, wie er ist. Fehler an ihm erkennen zu müssen, ist schmerzlich, und solche Fehler verbessern zu wollen, also erziehen zu wollen, ist Versündigung am Geist der Liebe. Ein Erziehungsversuch zerstört die Liebe, der er doch in guter Absicht dienen wollte, und diese Wirkung ist oft nicht wieder rückgängig zu machen. Das ist vielleicht eine der schmerzhaftesten Erfahrungen, die der liebende Mensch machen kann.

b) Aber nicht alle Liebe ist Eros. Es gibt noch eine ganz andere Liebe, nämlich die sich hinabneigende Liebe zum notleidenden und geschundenen andern Menschen, die in Ehrfurcht vor dem Leiden hinabsehende Liebe, die aus dem Mitleid entspringt und die sich im Willen zur Hilfe, zur Linderung der Not auswirkt. Während die erste Form dem antiken Kulturkreis entsprungen ist, gehört die zweite der christlichen Überlieferung an. Es ist die agape, die caritas. Auch sie hat sich als wesentlicher Faktor in der Erziehung ausgewirkt, als besondere Hinwendung zu den Armen und Unterdrückten, zu den geistig und körperlich Behinderten. Pestalozzi mag mit seiner Armenerziehung als großes Beispiel dastehen. Mönchsorden und Kongregationen haben schon im Mittelalter Bewundernswertes geschaffen, und in der heutigen Sozialpädagogik ist das wieder lebendig. Man könnte mit einigem Recht den unter deprimierendsten Bedingungen arbeitenden Sonderschullehrer als den Heiligen unserer Tage bezeichnen. Der Pädagoge fühlt sich in innerster Seele mit den vom Leben Benachteiligten verbunden und empfindet in sich das Streben, die Ungerechtigkeit ihres Schicksals, soweit es in seinen Kräften steht, auszugleichen.

c) Und trotzdem ist die aus der caritas entsprungene Hilfe noch kein eigentlich erzieherisches Verhalten. Sie will dem anderen Menschen in seiner Not beistehen, indem sie seine Umstände verändert. Ihn selbst aber will sie nicht verändern (oder höchstens so weit, daß er imstande ist, sich mit seinen widrigen Umständen besser abzufinden). Erziehung aber will den Menschen verändern. Wenn man auch die Erziehung gelegentlich nicht ganz unmißverständlich als Lebenshilfe bezeichnet hat, so ist das doch eine Hilfe besonderer Art, nämlich eine solche, die nicht die Umstände, sondern den Menschen selbst betrifft. Die erzieherische Hilfe will, ganz banal ausgedrückt, dem Kind oder allgemein dem anderen Menschen helfen, eine neue Stufe seiner Entwicklung zu erreichen. Insofern ist auch die richtig verstandene Psychotherapie nicht nur Heilung, d.h. Wiederherstellung eines durch die Krankheit verlorengegangenen gesunden Zustands, sondern zugleich Erziehung, d.h. Hilfe bei der Erreichung einer neuen Reifestufe. Es wäre wohl an der Zeit, das Verhältnis von Pädagogik und Psychotherapie einmal grundsätzlich zu durchdenken. Im Sinn der Richtung auf die zu erreichenden neuen Stufen hat Spranger immer wieder die erzieherische Haltung beschrieben: Der Erzieher sieht im Kind die in ihm angelegten Wertmöglichkeiten – nicht, wie bei Scheler, die schon vorhandenen Werte, sondern die noch schlummernden Wertmöglichkeiten, und diesen will er durch sein Tun zur Entfaltung helfen.

Und trotzdem ist diese Bestimmung ein wenig zu schön. Sie übersieht die leidvollen Erfahrungen, die jeder Erzieher macht: daß es im Kind nicht nur die idealen Möglichkeiten gibt, die es zu entfalten gilt, sondern auch Bosheit und Schwäche, die die Entwicklung behindern und verkehren. Der Erzieher – und mit ihm die pädagogische Theorie – darf hierfür nicht blind sein. Er muß mit seiner Liebe und seinem Blick für die noch schlummernden idealen Möglichkeiten zugleich das Kind ganz realistisch sehen: mit all seinen Schwächen und Gebrechen, die alle seine Erziehung immer wieder in Frage stellen. Mein verehrter Lehrer Herman Nohl hat immer wieder betont, daß erst die Verbindung von idealistischem und realistischem Blick das Wesen des erzieherischen Verhältnisses ausmacht. Und diese Doppelheit bestimmt auch das Wesen der erzieherischen Liebe, in der mehrere Komponenten vereinigt sind: die naive Liebe zum

Kind, besonders zum kleinen Kind in seiner rührenden Hilflosigkeit, die eine aufbauende Arbeit anregende Liebe zu den im Kinde schlummernden Möglichkeiten und die teilnehmend geduldige Liebe (ich will nicht sagen zu seinen Schwächen, aber) in all seinen Schwächen.

Pädagogisch aber ist diese Liebe nur, wenn sie kein weichliches Nachgeben gegenüber den leider nun einmal vorhandenen Schwächen ist, sondern bei aller Nachsicht den erzieherischen Anspruch unbeirrt aufrechterhält, wenn sie also in aller Milde zugleich streng ist und nur in dieser Strenge das Kind wirklich ernst nimmt. Sie bewegt sich also in der schwer zu gewinnenden Mitte zwischen verständnisvoller Nachsicht und sittlicher Forderung. Weil diese Mitte aber schwer einzuhalten ist, weil sie vom Erzieher die Zurückhaltung seines unmittelbaren Formungswillens fordert, darum ist diese Liebe nicht einfach die Naturanlage eines „geborenen Erziehers", sondern, wie Spranger es in eindringlicher Warnung vor diesem irreführenden Begriff hervorgehoben hat, eine Tugend, die erst in strenger Selbsterziehung in immer neu geübter Geduld und Zurückhaltung erworben werden muß. „Der Erzieher", sagt Spranger, „wird geboren aus der Selbsterziehung"[2].

*

Damit sind wir unversehens zu der zweiten großen Erziehertugend gekommen, der Geduld. Zwar ist die Geduld eine allgemein vom Menschen geforderte Tugend und nicht auf den Erzieher beschränkt, aber sie betrifft den Erzieher in einer ganz besonderen Weise. Aber ehe wir auf das besondere Problem der vom Erzieher geforderten Geduld eingehen, ist es zweckmäßig, einige allgemeine Erwägungen über das Wesen der Geduld vorauszuschicken und etwas nachholen, was ich in früheren Arbeiten nicht voll genug gesehen habe. Die Geduld betrifft auf der einen Seite das Verhältnis des Menschen zur Zeit. Sie ist die Kunst des Abwarten-Könnens. Sie ist darum so schwer zu erlernen, weil der Mensch die natürliche Neigung hat, den Ereignissen, insbesondere den erfreulichen, in Gedanken vorauszueilen, ihr Eintreten nicht abwarten zu können. Er verzehrt sich dann in seiner Ungeduld und vernachlässigt die Forderung des

Augenblicks. Die Geduld ist demgegenüber die Fähigkeit des Warten-Könnens, bis der richtige Zeitpunkt gekommen ist, also die Fähigkeit, die natürliche Ungeduld zu beherrschen. Darin kommt der eigentümliche Tugend-Charakter der Geduld zum Ausdruck: Im Unterschied zu anderen, sich von innen heraus entwickelnden, sozusagen natürlichen Tugenden wie Mut, Tapferkeit usw. muß die Geduld erst durch Selbstdisziplin der natürlichen Neigung abgewonnen werden.

Darin kommt zugleich die andere Seite der Geduld zum Ausdruck. Geduld hängt sprachlich mit dulden zusammen (wenn das Wort auch nicht aus dem Verbum abgeleitet ist, sondern das Verbum erst aus dem Substantiv Geduld). Man spricht von einem in Geduld ertragenen Leiden, Geduld bezeichnet das bereitwillige Hinnehmen von Widerwärtigkeiten, das Erleiden also oder Sicheinfügen in das Unvermeidbare mit all seiner Bitterkeit. Es ist eine Tugend der Passivität. Aber auch diese Seite der Geduld faßt sie unter einem bestimmten zeitlichen Aspekt. Geduldig ist noch nicht das Hinnehmen eines Schicksalsschlags, einer Niederlage oder eines schweren Verlustes, sondern geduldig ist der Mensch erst in der Dauerbelastung, etwa einer lange währenden Krankheit. Den Schicksalsschlag nimmt man hin und setzt sich mit ihm ehrlich auseinander, und damit ist die Angelegenheit abgetan. Geduld aber übt man bei einer lang anhaltenden Belastung. Sie ist so schwer zu erlernen, weil man sie immer neu aufbringen muß.

Vor diesem doppelten Hintergrund muß man auch die Geduld des Erziehers sehen. Sie ist auf der einen Seite die Kunst des Warten-Könnens und insofern der Geduld des Gärtners oder des Landmanns vergleichbar, die das Wachsen der Pflanzen nicht von sich aus beschleunigen können, sondern warten müssen, bis die Ernte reif geworden ist. Das gilt auch für den Erzieher, soweit man sein Geschäft als ein Wachsenlassen betrachten kann. Aber grade weil der Erzieher die schlummernden Möglichkeiten im Kinde sieht, hat er das natürliche Verlangen, sie auch verwirklicht zu sehen und die Entwicklung so schnell wie möglich voranzutreiben. Die Mutter freut sich über alles, was ihr Kind „schon kann", und ist geneigt, in ihrer Freude darin gleich ein Wunderkind zu sehen. Der Lehrer freut sich an den Lernfortschritten seiner Klasse und wird ungeduldig, wenn sich einige Nachzügler melden, die etwas immer noch nicht verstanden haben.

Daher die Tendenz zur Verfrühung als die spezifische Gefahr der Pädagogik. Und demgegenüber bedeutet die Geduld die Disziplinierung des natürlichen Strebens, der Zeit vorauseilen zu wollen, das richtige Sich-einfügen in den natürlichen Lauf der Zeit. (Wenn ich so von einem Sich-einfügen spreche, so ist damit zugleich gesagt, daß man nicht nur nicht vorauseilen, sondern auch nicht hinter dem, was „an der Zeit" ist, aus Schuld oder Schwäche zurückbleiben darf. Geduld ist also alles andere als bloße Nachlässigkeit.)

Aber wenn man sagt, daß der Erzieher mit seinen Kindern Geduld haben muß, so hat das noch einen anderen Sinn. Er muß Geduld haben mit ihren Schwächen, Geduld mit ihren Unarten und Bosheiten, Geduld vor allem, wenn sie immer wieder rückfällig werden, auch wenn sie mit ehrlichem Herzen Besserung versprochen haben. Geduld fordert das Vergeben-Können und die Kraft zu einem neuen Anfang. Und wenn im Evangelium auf die Frage, ob es genüge, seinem Bruder sieben mal zu vergeben, die Antwort gegeben wird: nein, sondern sieben mal siebzig mal, ist damit die schwere Aufgabe des Erziehers bezeichnet: immer wieder verzeihen und verstehen zu müssen, um nach allen Enttäuschungen mit einem neuen Vertrauen wieder anfangen zu können. Das geht oft an die Grenzen des Menschenmöglichen, und das kann der Erzieher nur leisten, wenn er über alle Rückschläge hinaus das feste Vertrauen hat, daß auf die Dauer gesehen seine geduldige Arbeit nicht vergebens ist.

*

Damit sind wir bei der dritten der Grundtugenden des Erziehers: dem Vertrauen. Es ist heute allgemein bekannt, wie wichtig es für ein Kind und besonders für ein kleines Kind ist, daß es in einer Welt aufwächst, in der es sich geborgen fühlt, insbesondere daß es sich mit einem bestimmten anderen Menschen verbunden fühlt, der ihm diese Geborgenheit vermittelt, weil es zu ihm ein uneingeschränktes Vertrauen hat. In der Regel ist es im ersten Lebensalter bekanntlich seine Mutter. Ich kann mich nicht enthalten, hier noch einmal die schönen Worte des mir befreundeten, allzu früh verstorbenen Kinderarztes Alfred Nitschke anzuführen. „Die Mutter", so schreibt er in seinem schönen Buch über den Menschen als das „verwaiste Kind der Natur", auf das ich noch einmal nachdrücklich hinweisen möchte. „Die Mutter schafft mit ihrer sorgenden Liebe für das Kind den Raum des Vertrauenswürdigen, Verläßlichen, Klaren. Was in ihm einbezogen ist, wird zugehörig, sinnvoll, lebendig, vertraut, nahe und zugänglich. Daher stammen die Kräfte der Einsicht, die dem Kind den Zugang zur Welt, zu den Menschen und zu den Dingen ermöglichen"[3] . Also: auch das Verständnis der Welt im ganzen wird dem Kind erst durch den Bezug zu einem bestimmten einzelnen Menschen vermittelt. Daher der ungeheure Schaden, der entsteht, wenn ein solcher vertrauenswürdiger Mensch nicht vorhanden ist. Das ist heute bekannt und durch die bekannten Untersuchungen von Spitz vielfach bestätigt.

Sehr viel weniger wird dagegen die Wichtigkeit des in entgegengesetzter Richtung verlaufenden Vertrauens beachtet, des von seiner Umgebung, insbesondere seinem Erzieher, dem Kind entgegengebrachten Vertrauens, des Vertrauens also, das nicht das Kind seiner Umgebung entgegenbringt, sondern das ihm von seiner Umgebung entgegengebracht wird. Und trotzdem gilt auch hier, daß das Kind ohne ein solches ihm von der Umgebung entgegengebrachtes Vertrauen sich nicht richtig entwickeln kann und darum durch den Entzug dieses Vertrauens in seiner Entwicklung schwer geschädigt wird.

Das wird vielleicht am durchsichtigsten am einfachen Fall des Versprechens. Ich kann einem anderen Menschen nur dann etwas versprechen, wenn dieser andere Mensch auch bereit ist, mein Versprechen anzunehmen, und das heißt, daß dieser auch davon überzeugt ist, daß ich mein Versprechen halten kann und halten werde. Verweigert er die Annahme des Versprechens, erklärt er etwa skeptisch oder spöttisch überlegen, daß ich es doch nicht halten werde, weil es mir dazu an Kraft oder an gutem Willen fehlt, so entzieht er mir dadurch die Kraft, dieses Versprechen zu halten, und bringt grade das hervor, was er befürchtet hatte. Ich kann die Treue nur jemandem halten, der auch von meiner Treue überzeugt ist. Es gibt keine Treue in den leeren Raum. (Dagegen darf man nicht einwenden, daß es auch Versprechen gibt, die man sich selbst gibt. Das ist ein sehr nachlässiger Sprachgebrauch. Sich selbst gegebene Versprechen gibt es nicht. Das sind höchstens gute Vorsätze. Und das ist etwas ganz anderes. Versprechen kann man nur einem anderen geben. Sie bleiben darum immer vom Vertrauen dieses anderen abhängig.)

Dieser Zusammenhang ist für die Erziehung von allergrößter Bedeutung. Nur wo ich dem Kind etwas zutraue, traut es auch sich selbst etwas zu und ist bereit sein Zögern und seine Ängstlichkeit zu überwinden. Daher die große Bedeutung der Ermutigung in der Erziehung, auf die der Kieler Pädagoge Werner Loch so nachdrücklich aufmerksam gemacht hat[4]. Ich muß dem Kind Mut machen, wo es von sich aus noch zögert. Wo man umgekehrt dem Kind etwas von vornherein nicht zutraut, wo man ihm gleich sagt: laß es sein, das kannst du doch nicht, da nimmt man ihm die Kraft, und die Folge ist, daß es das tatsächlich nicht schafft. Es gibt in der Tat kein schlimmeres Gift als das Mißtrauen.

Das kann man noch allgemeiner fassen: Das Kind formt sich unbewußt nach dem Bild, das der Erzieher sich von ihm macht. Es wird wirklich so, wie der Erzieher es von ihm erwartet. Wenn der Erzieher es für ehrlich, ordentlich, fleißig, zuverlässig usw. hält, dann werden eben dadurch die entsprechenden Eigenschaften im Kind geweckt, und es wird ebenso ehrlich, ordentlich, fleißig, zuverlässig usw., wie es der Erzieher von ihm erwartet. Und umgekehrt, wo der Erzieher im Kind immer nur das Schlechte argwöhnt, da wird dieses Schlechte durch den Argwohn gradezu hervorgerufen, und das Kind wird wirklich so dumm und faul und verlogen, wie der Erzieher es von ihm erwartet hatte. Das belastet den Erzieher mit einer ungeheuren Verantwortung; denn sein Urteil über das Kind ist nicht seine Privatangelegenheit, sondern wirkt sich unmittelbar auf die kindliche Entwicklung aus.

Das sind geheimnisvolle Zusammenhänge, die tief in den unterhalb des Bewußtseins wirkenden Gefühlsbeziehungen verwurzelt sind und die wir in der Erziehung sehen und ganz ernst nehmen müssen, obgleich sie sich vielleicht rational nie ganz aufklären und auf eindeutige Kausalbeziehungen zurückführen lassen. Im vollen Ernst geprochen: der Glaube an einen anderen Menschen hat eine schöpferische Kraft. Er bringt, wie Nicolai Hartmann es sehr tief gesehen hat, „eben dasjenige, woran in einer fremden Person er glaubt, in ihr auch wirklich hervor"[5].

Darüber hoffentlich mündlich. Zunächst zur Sache:
Ich komme gern zu Ihnen. Ich denke, es lässt sich
so einrichten, dass ich noch am Donnerstag mein Kol-
loquium abhalten kann. [Zur Not muss ich mich vertreten lassen.] Danach bin ich frei.
Sie geben mir die Freiheit, ein schon früheres Thema
zu wählen. Sie wissen wahrscheinlich, dass ich ein
kleines Buch über „Sprache und Erziehung" und
ein noch kleineres Heft über „Die Macht des Worts"
geschrieben habe. Da weiss ich nicht, ob mir noch Neues
einfällt. Vielleicht kann ich einen Vortrag über „Die
Dichtung als Organon der Welterfassung" zugrunde legen,
in dem ich im Herbst auf einer Tagung der Japanischen
Germanistischen Gesellschaft die Gedanken zusammenzu-
fassen versucht habe, und der in Deutschland unbekannt
ist. Aber das kann eine spätere Sorge sein.
Auf jeden Fall: ich folge Ihrer Einladung gern.
Mit den besten Wünschen
Ihr Otto Friedrich Bollnow.

Handschrift von Otto Friedrich Bollnow

OTTO FRIEDRICH BOLLNOW

Das ist für die Erziehung von ungeheurer Bedeutung: Nur wo der Erzieher wirklich an ein Kind glaubt, wo er Vertrauen zu ihm hat, kann sich das Kind entwickeln. Die Frage aber ist: Woher nimmt der Erzieher die Kraft zu diesem Vertrauen? Denn die Wirkung dieses Vertrauens geschieht nicht in der Art eines zwangsläufig wirkenden Naturgesetzes. Sie kann auch ausbleiben, und sie bleibt auch häufig aus. Immer wieder wird der Erzieher enttäuscht. Immer wieder bleibt das Kind hinter den Erwartungen zurück. Immer wieder stößt der Erzieher auf Schwäche und Bosheit. Immer wieder scheitert er bei seinen gut gemeinten Versuchen. Das Scheitern gehört wie wohl in keinem anderen Beruf zur Arbeit des Erziehers. Es wäre Feigheit, das nicht sehen zu wollen. Und hier setzt die eigentümliche Schwierigkeit des Erziehers ein: trotz aller bitteren Enttäuschungen, trotz aller sogenannten Erfahrung das Vertrauen immer neu aufbringen zu müssen.

Man kann auch nicht einwenden, es genüge ja, wenn der Erzieher ein solches Vertrauen nur vorspielt, wenn er aus sogenannten „pädagogischen" Gründen dem Kinde sagt, daß er ihm vertraut, und in Wirklichkeit seine Vorbehalte macht. Von einem solchen Versuch geht keine Überzeugungskraft aus, und er scheitert an seiner inneren Unwahrhaftigkeit. Das Vertrauen ist vielmehr nur dann wirksam, wenn es von der ehrlichen eigenen Überzeugung des Erziehenden getragen wird. Und der Erzieher steht vor der Notwendigkeit, daß er dieses Vertrauen immer wieder aus der inneren Kraft seiner Seele aufbringen muß.

Ein solches Vertrauen ist immer ein Wagnis. Der Vertrauende liefert sich in seiner eigenen Existenz dem aus, dem er sein Vertrauen schenkt. Es gibt grundsätzlich keine Sicherung, und der Vertrauende steht nachher in den Augen der Welt als der „Dumme" da, wenn sein Vertrauen enttäuscht ist. Man meint, er hätte es ja in einer realistischeren Haltung voraussehen müssen. Aber dieser Spott ist zu billig. Der Erzieher hat diese Möglichkeit durchaus vorausgesehen, und er hat trotzdem vertraut. Die Möglichkeit des Scheiterns gehört nun einmal unablösbar zum Wesen des Erziehers. Er muß wagen, er muß sich engagieren, er muß sich selbst dabei ins Spiel bringen, sich exponieren, und er ist nur dann ein guter Erzieher, wenn er entschieden ja sagt zu diesem mit seinem Beruf gegebenen Risiko.

OTTO FRIEDRICH BOLLNOW

Von da her verstehen wir die ungeheure Belastung des Erziehers. Er muß trotz aller bitteren Erfahrungen dieses Vertrauen immer wieder neu aufbringen, er muß sich dabei immer wieder dem Risiko eines Scheiterns aussetzen. Das ist fast übermenschlich. Er wird in bezug auf sein Vertrauen zum Kind ständig überfordert. Und es ist nur zu begreiflich, daß viele Lehrer und Erzieher vor der Zeit müde und verbittert werden und dann ihren Beruf nur noch routinemäßig ausüben. Daher noch einmal die Frage: Woher nimmt der Erzieher die Kraft, trotz aller Enttäuschungen dies Vertrauen zum Kind immer wieder neu aufzubringen? Das gelingt ihm nicht aus eigener Kraft auf bloßen Vorsatz hin. Das ist nur möglich, wenn der Erzieher seinerseits von einem anderen und tieferen Vertrauen getragen ist, von einem Vertrauen darauf, daß trotz aller Rückschläge und Mißerfolge sein Tun einen Sinn hat. Und das ist wiederum nur möglich, wenn er in seinem Tun von einer letzten Sinnhaftigkeit der Welt überzeugt ist, wenn er sich allerletzten Endes doch von einer göttlichen Ordnung getragen fühlt. Nur aus ihr kann die Kraft zu seinem Tun kommen und ohne sie bliebe alle seine Anstrengung eitel und Haschen nach Wind.

Ich bin am Ende. Bin ich erbaulich geworden? Habe ich den Boden einer soliden wissenschaftlichen Erörterung verlassen? Ich glaube es nicht; denn wollte man, um den Forderungen eines bestimmten Wissenschaftsideals zu entsprechen, diese Zusammenhänge aussparen, dann bliebe man bei einem verstümmelten Begriff der Erziehung und könnte nie hinreichend begreifen, was in der Erziehung als einem den Menschen in seinen Tiefen ergreifenden Vorgang geschieht, und könnte darum auch nicht im vollen Sinne erziehen.

Und noch ein letztes Wort: Man hat mich kürzlich gefragt, woher ich die Legitimation nähme, diese Tugenden vom Erzieher zu fordern. Dahinter stand unausgesprochen der Verdacht einer autoritären Haltung, gegen die sich eine emanzipatorische Pädagogik rechtzeitig zur Wehr setzen müsse. Davon aber kann hier nicht die Rede sein. Ich habe zu Beginn meiner Ausführungen mit vollem Bedacht den Begriff der Tugend im Sinn der griechische areté eingeführt, der die vollendete Tauglichkeit für einen bestimmten Zweck bezeichnet. In diesem Sinn sind die Tugenden des Erziehers die Eigenschaften, die er besitzen muß, um seinen Beruf erfolgreich ausüben zu können. Es sind also keine von außen herangebrachten Forderungen, sondern Bestimmungen, die rein immanent aus dem Wesen des Erziehungsvorgangs abgeleitet werden können. Und mag auch die Auffassung von der Erziehung in den verschiedenen Zeiten sich wandeln und mögen sich daraus sehr verschiedene Erziehungsstile entwickeln, so müssen doch diese drei Wesenszüge, die erzieherische Liebe, die Geduld und das Vertrauen immer vorhanden sein, wenn man überhaupt sinnvoll von Erziehung sprechen will; denn ohne sie wäre jeder Erziehungsversuch zum Scheitern verurteilt.

[1] Wolfgang Ratke, Allunterweisung. Schriften zur Bildungs-, Wissenschafts- und Gesellschaftsreform. Hrsg. v. Gerd Hohendorf und Franz Hofmann. Bearbeitet von Christa Bresche. Monumenta Paedagogica. Hrsg. von der Kommission für deutsche Erziehungs- und Schulgeschichte der Deutschen Akademie der Wissenschaften zu Berlin. Band VIII.

[2] Eduard Spranger, Gesammelte Schriften Bd. 2, Heidelberg 1973, S.128.

[3] Alfred Nitschke, Das verwaiste Kind der Natur. Ärztliche Beobachtungen zur Welt des jungen Menschen. Hrsg. von August Nitschke. Tübingen 1962, S. 13.

[4] Werner Loch, Pädagogik des Mutes. Bildung und Erziehung. 18. Jahrg. 1965, - S. 641 ff., ders. Die Ermutigung als Beispiel einer erzieherischen Redeform. Die Sprache als Instrument der Erziehung, aaO., S. 26 ff.

[5] Nicolai Hartmann, Ethik. Berlin und Leipzig 1926, S. 429.

Dieser Beitrag erschien im Berichtband: Kinderprobleme – Problemkinder, hrsg. von Asperger und Haider, Salzburg 1978, im Selbstverlag.

Anmerkung des Verfassers: Zur genaueren Begründung verweise ich allgemein auf meine früheren Arbeiten: Die pädagogische Atmosphäre, Heidelberg 1964, 4. Aufl. 1970, und: Wesen und Wandel der Tugenden. Frankfurt a.M. 1958.

OTTO FRIEDRICH BOLLNOW

Nietzsche und Leopardi

verfaßt von Otto Friedrich Bollnow

Zu den glanzvollsten Stücken Nietzschescher Prosa gehört der Anfang der zweiten „Unzeitgemäßen Betrachtung":

„Betrachte die Herde, die an dir vorüberweidet: sie weiß nicht, was Gestern, was Heute ist, springt umher, frißt, verdaut, springt wieder, und so vom Morgen bis zur Nacht und von Tage zu Tage, kurz angebunden mit ihrer Lust und Unlust, nämlich an den Pflock des Augenblicks, und deshalb weder schwermütig noch überdrüssig. Dies zu sehen geht dem Menschen schwer ein ..."[1]

Man kehrt in der Beschäftigung mit Nietzsche gern zu dieser schönen Stelle zurück. Eines fällt allerdings dem nachdenklichen Leser bald auf, was die Sonderstellung dieses Stücks betrifft: Es ist nicht nur stilistisch, wenn auch schwer faßbar, ein eigener Ton, durch den sich das hier gezeichnete Bild aus der sonstigen Sprache Nietzsches heraushebt, es ist mehr noch, daß dies Stück nicht ganz in den Gang der folgenden Abhandlung passen will; denn während es sich in der Abhandlung um „Nutzen und Nachteil der Historie", also um das rechte Maß in der Beziehung zur Vergangenheit handelt, wird hier am Tier das Bild eines ohne Erinnerung ganz im Augenblick aufgehenden Wesens gezeichnet, und während aus der Anfangsstelle eine Haltung resignierender Schwermut spricht, wirkt sich in der späteren Abhandlung eine oft geradezu enthusiastische Bejahung des tätigen, schaffenden Lebens aus. Selbst wo der Augenblick gepriesen wird: „Wer sich nicht auf der Schwelle des Augenblicks, alle Vergangenheit vergessend, niederlassen kann, wer nicht auf einem Punkte wie eine Siegesgöttin ohne Schwindel und Furcht zu stehen vermag, der wird nie wissen, was Glück ist"[2], da ist es ein andres Glück als das vorher gepriesene idyllische Glück des

Tiers. Darum bemerkt Haeuptner in seiner vorzüglichen, die einzelnen Denkmotive behutsam auseinanderlegenden Interpretation dieser Schrift, es sei als wahrscheinlich anzunehmen, daß Nietzsches Ansatz mit der tierischen Unmittelbarkeit nur als ein Stilmittel zu verstehen ist"³, um durch den Vergleich mit dem Tier die menschliche Geschichtlichkeit schärfer herauszuheben.

Die Sonderstellung dieses Stücks wird vielleicht verständlicher, wenn man bedenkt – was in der Nietzsche-Literatur bisher nicht beachtet zu sein scheint – daß es sich hier um die Wiederaufnahme eines Gedankens von Leopardi handelt, bei dem es im „Canto Notturno di un Pastore Errante dell'Asia" heißt:

> „O greggia mia che posi, oh te beata,
> Che la miseria tua, credo, non sai!
> Quanta invidia ti porto!
> Non sol perchè d'affanno
> Quasi libera vai;
> Ch' ogni stento, ogni danno,
> Ogni estremo timor subito scordi;
> Ma piu perchè giammai tedio non provi.
> Quando tu siedi all'ombra, sovra l'erbe,
> Tu se' queta e contenta".⁴

Oder in der Übersetzung Hamerlings;
> „O meine Herde, die du ruhst, ich preise
> Dich glücklich, daß erspart dir bleibt, zu kennen
> Dein Elend. Ach, wie muß ich dich beneiden!
> Nicht nur, weil frei du scheinest
> Beinah von allen Leiden,
> Mühsal, Verlust, die schlimmste
> Beängstigung im Augenblick vergessend –
> Mehr noch, weil nie der Überdruß dich quälet!
> Wenn du im Gras, im Schatten dir erwählet
> Den Schlummerort, da fühlst du dich zufrieden".⁵

Noch deutlicher wird die Abhängigkeit Nietzsches von diesem Vorbild in der Fortsetzung, mit dem Gedanken einer Frage an das Tier. So heißt es bei Nietzsche:
„Der Mensch fragt wohl einmal das Tier; warum redest du mir nicht von deinem Glücke und siehst mich nur an?".

Und entsprechend bei Leopardi:
„Verständest du zu sprechen, würd' ich fragen:
Sag mir, warum in Ruhe,
In müßigem Behagen
Das Tier sich freut, mich aber
Befällt der Überdruß, sobald ich ruhe?"[4]

Daß Nietzsche Leopardi gekannt und zum mindesten in seiner frühen Zeit auch hoch geschätzt hat, ist sicher. Das Oehlersche Register zur Oktavausgabe zählt 18 Erwähnungen des Namens auf. Leopardi wird dabei unter „die großen Dichter" gerechnet, als „Meister der Prosa" bezeichnet, der „vielleicht der größte Stilist des Jahrhunderts" ist. „Goethe und Leopardi" erscheinen „als die letzten großen Nachzügler der italienischen Renaissance-Poeten". „Hinter ihnen pflügen die reinen Philologen-Gelehrten nach". „Leopardi ist das moderne Ideal eines Philologen". Und so wird Leopardi auch wenige Seiten später, noch im selben Kapitel, ausdrücklich genannt und zitiert; „So daß der Verwegenste zuletzt vielleicht bereit ist, mit Giacomo Leopardi zu seinem Herzen zu sagen:
„Nichts lebt, das würdig
Wär' deiner Regungen, und keinen Seufzer verdient die Erde.
Schmerz und Langeweile ist unser Sein und Kot die Welt – nichts Andres.
Beruhige dich".
Später rückt Nietzsche allerdings entschiedener vom „Leopardi'schen Pessimismus" ab. Er erklärt: „Daß solche Shelley's, Hölderlin's, Leopardi's zu Grunde gehn, ist billig; ich halte nicht viel von solchen Menschen". „Ich bin hart genug, um über deren Zugrundegehn zu lachen".
Man kann darüber hinaus nachweisen, daß Nietzsche Hamerlings Leopardi-Übersetzung gekannt hat, und vermuten, daß er ihn überhaupt durch diese

Übersetzung kennengelernt hat, die ja 1866, also wenige Jahre zuvor, in dem ihm damals benachbarten Hildburghausen erschienen war. Das wird schon dadurch nahegelegt, daß der bei Nietzsche so nachdrücklich hervorgehobene „Augenblick" nicht in Leopardis Original vorkommt, sondern erst in Hamerlings Übersetzung von „subito" mit „im Augenblick" erscheint. Das wird aber ganz deutlich aus der schon genannten Anführung von „Nichts lebt, was würdig...", die fast wörtlich mit der Übersetzung Hamerlings übereinstimmt[5].

Nach dem Verhältnis von Nietzsches und Leopardis Grundhaltung, dem elegisch gestimmten Weltschmerz des einen und der nachdrücklichen Bejahung des handelnden Lebens des andern, genauer zu fragen, erübrigt sich; denn Nietzsche selbst hat diese Abgrenzung nach dem erwähnten Verweis auf Leopardi ausdrücklich vollzogen; „Doch lassen wir den überhistorischen Menschen ihren Ekel und ihre Weisheit: heute wollen wir vielmehr einmal unsrer Unweisheit von Herzen froh werden und uns als den Tätigen und Fortschreitenden, als den Verehrern des Prozesses, einen guten Tag machen". Und daraus entspringt dann für ihn die bekannte Forderung, „Historie zum Zwecke des Lebens zu treiben". Damit hat er selbst die einleitende, vorbereitende Betrachtung scharf vom späteren, eigentlichen Text der Abhandlung abgehoben. Wir können höchstens fragen, warum Nietzsche zu Beginn der Abhandlung, bei dem von Leopardi übernommenen Vergleich zwischen Mensch und Tier, diesen nicht nennt. Die Annahme, daß er den Namen hätte verschweigen wollen, wird durch die spätere ausdrückliche Nennung widerlegt. Es ist eher anzunehmen, daß er die Kenntnis Leopardis zu seiner Zeit als selbstverständlich voraussetzte und daß er dies Stück ohne Namensnennung gewissermaßen als Blickfang vorausschickte, um durch die zugespitzt formulierte provozierende Behauptung die Aufmerksamkeit zu erregen und so auf das Problem der menschlichen Geschichtlichkeit hinzulenken. So würde sich dann auch die bis in die Sprache hinein durchspürbare Sonderstellung des einleitenden Stücks erklären.

---

[1] Friedrich Nietzsche. Groß- und Kleinoktavausgabe. Zitiert wird mit bloßer Band- und Seitenzahl .Vom Nutzen und Nachteil der Historie aus dem II. Band mit bloßer Seitenzahl.

² Gerhard Haeuptner. Die Geschichtsansicht des jungen Nietzsche. Stuttgart 1936. S. 17.

³ Giacomo Leopardi. I Canti. Terza Editione da O. Antognoni, Nuova Representatione di E. Bigi. Firenze o. J. (1957). S. 208 f. Vgl. Horst Rüdiger, Italienische Gedichte mit Übertragungen deutscher Dichter. Leipzig 1938. S. 258 ff.

⁴ Giacomo Leopardi's Gedichte, verdeutscht von Robert Hamerling. Hildburghausen 1866. S. 94. Vgl. H. Rüdiger, a. a. O., S. 259 ff.

⁵ Giacomo Leopardi's Gedichte, a. a. o., S. 108. I Canti, a. a. o., S. 239 f. Neben der veränderten Zeileneinteilung, deren Grund schwer einsehbar ist, einem fortgelassenen Komma und „beruhige dich" statt „beruh'ge dich" ersetzt Nietzsche „bittre Langeweile" bei Hamerling (als Übersetzung von „amaro e noia") durch Schmerz und Langeweile. was wiederum die Kenntnis des italienischen Textes vermuten läßt. Die ältere Übersetzung der Gesänge des Grafen Giacomo Leopardi von Karl Ludwig Kannegiesser, Leipzig 1837, kommt als Vorlage nicht in Frage; denn dort fehlt das fragliche Gedicht „A se stesso", auch ist hier der entscheidende Satz recht ungeschickt mit „Weil Schaden dich und Müh', selbst höchste Angst nur plötzlich überfällt" (S. 113) wiedergegeben. Auch der Umstand, das die Wörter „tedio", „noia", fastidio, die bei Kannegiesser mit „Ekel", „Mißmutigkeit", „Schmerz", „unmutvolle Weile" wiedergegeben sind, bei Hamerling einheitlich mit „Überdruß" (und „überdrüssig") übersetzt sind und Nietzsche das bei ihm sonst ungebräuchliche Wort „überdrüssig" in der Abhandlung an betonter Stelle aufnimmt, beweist, daß ihm diese Übersetzung zugrunde gelegen hatte. Anderseits scheidet auch die Übersetzung von Paul Heyse, Giacomo Leopardi, Gedichte und Prosaschriften, als Vorlage aus, weil sie in 1. Auflage erst 1878 erschienen ist.

OTTO FRIEDRICH BOLLNOW

Werkverzeichnis (Auswahl)

Die Lebensphilosophie F. H. Jacobis. Stuttgart 1933.
Dilthey. Eine Einführung in seine Philosophie. Leipzig 1936.
Das Wesen der Stimmungen. Frankfurt 1941.
Existenzphilosophie. Stuttgart 1943.
Einfache Sittlichkeit. Göttingen 1947.
Die Pädagogik der deutschen Romantik. Von Arndt bis Fröbel, Stuttgart 1952.
Unruhe und Geborgenheit im Weltbild neuerer Dichter. Stuttgart 1955.
Neue Geborgenheit. Das Problem einer Überwindung des Existentialismus. Stuttgart 1955.
Die Lebensphilosophie. Berlin 1958.
Existenzphilosophie und Pädagogik. Stuttgart 1959.
Maß und Vermessenheit des Menschen. Philosophische Aufsätze. Göttingen 1962.
Mensch und Raum. Stuttgart 1963.
Erziehung und Leben. Tokio 1963.
Die pädagogische Atmosphäre. Untersuchungen über die gefühlsmässigen zwischenmenschlichen Voraussetzungen der Erziehung. Anthropologie und Erziehung. Heidelberg 1964.
Die Macht des Worts. Sprachphilosophische Überlegungen aus pädagogischer Perspektive. Neue Pädagogische Bemühungen. Essen 1964.
Die anthropologische Betrachtungsweise in der Pädagogik. Neue Pädagogische Bemühungen. Essen 1965.
Krise und neuer Anfang. Beiträge zur pädagogischen Anthropologie. Anthropologie und Erziehung. Heidelberg 1966.
Philosophie der Erkenntnis. Das Vorverständnis und die Erfahrung des Neuen. Stuttgart 1970.
Das Verhältnis zur Zeit. Ein Beitrag zur pädagogischen Anthropologie. Heidelberg 1972.
Das Doppelgesicht der Wahrheit. Philosophie der Erkenntnis. Stuttgart 1972.

JULIUS SCHMIDHAUSER
1893 – 1970

JULIUS SCHMIDHAUSER

Werdegang

Julius Schmidhauser, der aus einem bekanntem Thurgauer Geschlecht stammt, wurde am 29. März 1893 in Zürich geboren. Er besuchte die Volksschule in Hottingen und das Gymnasium in Zürich, wo ihn der Dichter Jakob Bosshardt als Lehrer beeindruckte. Im Herbst 1911 begann Julius Schmidhauser an der Universität Zürich das Studium der Jurisprudenz. Er studierte auch ein Semester in Berlin. Von 1915 – 1916 war er Zentralpräsident des Schweizerischen Zofingervereins. Er nahm damals auch aktiv am Generalstreik teil und stellte sich 1918 auf die Seite der Arbeiter! Mit Romain Rolland verband ihn ein Briefwechsel. Im Jahre 1919 doktorierte er mit der Dissertation „Vom reinen, unmittelbaren Rechtsbewußtsein". Im gleichen Jahr wurde er Sekretär des Schweizerischen Schriftstellerverbandes unter den Präsidenten Felix Moeschlin und Robert Faesi. Im Jahre 1929 übernahm er das Amt des Studentenberaters der evangelischen Kirche an den beiden Hochschulen von Zürich. In dieser Zeit entstand sein Hauptwerk: „Der Kampf um das geistige Reich", das von Carl J. Burckhardt besonders gelobt wurde. Eine schwere Erkrankung führte ihn mit seiner Familie in den Kanton Tessin, wo er sich ganz dem Studium der Philosophie hingab. In Amriswil wurde Julius Schmidhauser im Jahre 1964 mit einer Feier besonders geehrt, es sprachen damals Prof. Dr. Gustav Eichelberg von der ETH Zürich, Prof. Dr. Faesi von der Universität Zürich und Dr. Walter Robert Corti, dem Gründer des Pestalozzi-Dorfes Trogen.

JULIUS SCHMIDHAUSER

Glorie und Tragödie des Menschen
Der Goethesche Mythos Mensch / Das Fragment

verfaßt von Julius Schmidhauser

Die Hymne „Prometheus" gehört ursprünglich zu einem Drama „Prometheus", das Fragment geblieben ist. Dieses Fragment ist ebenso unbekannt wie die Hymne bekannt ist.
Goethe gibt als das Jahr der Entstehung 1773 an. Darnach schrieb er seinen „Prometheus" mit 24 Jahren. Während aber die Hymne schon 1789 von Goethe in den 8. Band seiner Werke aufgenommen, nachdem sie vorher, 1785, in einer Schrift von Jakobi abgedruckt wurde, blieb das „Dramatische Fragment" bis 1819 geradezu verschollen, wurde damals erst wieder entdeckt, doch erst im Jahre 1830 in der „Ausgabe letzter Hand" im 33. Band veröffentlicht. Es ist also außerhalb seiner Zeit, gleichsam posthum erschienen.

Dies mag die Unbekanntheit des Dramatischen Fragmentes weithin erklären. Sie ist nicht verdient. Es handelt sich um einen außerordentlichen Text. Es sind Goethes Urworte, Prometheisch. Die weltberühmte Hymne, die mit dem Namen Goethes untrennbar verknüpft ist, wurzelt im Mutterboden des Fragmentes. In der Hymne ballt sich der Trotz des Prometheus noch einmal zu unsterblichem Wort, im „Dramatischen Fragment" jedoch findet nicht nur der Trotz, sondern auch die in ihm gemeinte Liebe des Promatheus ihren mächtigen Ausdruck.
André Gide mußte noch 1932, hundert Jahre nach Goethes Tod, die geistige Welt auf das „Dramatische Fragment" aufmerksam machen. Er verwundert sich, daß das Fragment in Deutschland selbst fast völlig unbekannt sei. Demgegenüber bekennt sich Gide zu ihm auf diese außerordentliche Weise:

JULIUS SCHMIDHAUSER

Aucune oeuvre de Goethe ne laboura plus profondément ma pensée, c'est aussi que sa hardiesse est extreme....(Nouvelle Revue Francaise, Hommage à Goethe, p. 375)

Wir betreiben Archeologie der Frühzeit unseres eigenen prometheischen Mythos, wenn wir auf dieses Fragment zurückgreifen und es mit der Hymne ausführlich reden lassen.

Man hat später dieses Fragment in seiner Bedeutung nicht mehr zu lesen vermocht, als Bildung und Geschmack das Maß waren, nicht mehr Genius und Genie. Denn diese sprechen hier. Sie sprechen durch einen Mund, der noch nicht zu sprechen weiß – trotzdem es der Mund ist, der später unter Deutschen vielleicht am ungezwungensten, natürlichsten und verständlichsten zu sprechen vermochte. Es spricht Goethe. Doch es ist im Grunde Prometheus, eine mythische Macht. Und so ist es nicht verwunderlich, wenn der Mund schwer spricht wie in geistiger Kindheit.

Und es ist sicherlich die Wiedergeburt des prometheischen Geistes in Goethe eine geistige Kindheit. Doch diese Kindheit ist ein titanischer Anfang wie bei dem Prometheus des Mythos. Es ist die „Urwelt-Epoche" der Jugend, von der Goethe später einmal spricht (am Anfang der Geschichte der Farbenlehre). Es ist eine Sprache, die das Alter, ja nicht einmal die Reife spricht und auch nicht sprechen darf nach der Vorbestimmung der Zeiten.

Doch nicht der Übermut leichtfertiger Jugend hat die Worte des Fragmentes wie der Hymne gesprochen, sondern der Überdruck einer durchbrechenden, noch unbekannten und noch nicht faßbaren Potenz. Es ist die „Natursprache" des Genius und des Genies, wie sie Herder gerühmt hat – wenn auch nicht zu übersehen ist, daß diese Natursprache stellenweise Naturburschensprache ist.

Es handelt sich auch nicht um eines jener später wie früher üblichen allzu jugendlichen Pronunciamentix. In diesem wie in jeder Geburt gewaltsamen Durchbruch des prometheischen Geistes beginnt eine neue Welt – oder kommt die in der Wirklichkeit schon längst geschehende Wiedergeburt des Prometheus zum gesehenen Bild.

JULIUS SCHMIDHAUSER

Es genügt aber auch nicht die Einschachtelung der aufgelesenen Blitze als „typische Äußerungen des Sturm und Drang". Es sind keine „Blitze von sprühenden Kraftgenies". Es sind elementare Blitze von der Fackel des Prometheus, bestimmt, die neue schaffende Welt des Menschen zugleich zu erschaffen und zu erhellen.
Nur als die Wiederkunft des Prometheus im ganz realen Sinn ist uns die Sache und Sprache des „Dramatischen Fragmentes" wie der Hymne zulänglich gesehen.

JULIUS SCHMIDHAUSER

Der steinige Weg des Denkens
Dino Larese

Amriswiler Freunde Von Julius Schmidhauser hatten mich schon früh auf sein Werk und seine Persönlichkeit aufmerksam gemacht; ich muß den Einwand hinnehmen, daß mich damals ihre hymnische Begeisterung nicht bewegte; auch später, als ich ihm selber ganz kurz in seiner verläßlichen Breite und etwas weltfernen Verträumtheit an den Schweizer Schriftstellertagen in Amriswil begegnete, blieb er außerhalb meiner geschäftigen Kreise; heute scheint mir dies ein ganz bestimmtes Merkmal der Erscheinung von Julius Schmidhauser zu sein, er bietet sich nicht im ersten Gewahren an, es geht von ihm auch nicht das Faszinierende des Außerordentlichen aus, was keinesfalls eine Wertung bedeutet; jene alemannisch scheue Art des Insichlauschenden, in einer eigenen Welt Versponnenen, Zurückgezogenen, die von außen wie eine Eigenbrötelei anmuten könnte, verweist ihn in die Stille, in die Abseitigkeit, in die Innerlichkeit, erkannt und erschaut nur von einer kleinen Gemeinde von Eingeweihten, von verehrenden Freunden Es war vielleicht dieses zurückhaltende, in seiner äußeren Wirkung oft unpraktisch erscheinende Wesen, neben andern zeitbedingten Schwierigkeiten, die die Publikation seiner Manuskripte verunmöglichte und damit eine weite Strahlung seiner Botschaft verhinderte. Die leise Tragik aber des Verkannt- und Vergessenwerdens, die ich immer deutlicher aus den Worten seiner besorgten Freunde hörte, bedeutete für mich gefühlsmäßig der heftige Anruf, ins Menschliche seiner Existenz vorzudringen. Als ich ihn nun sah in seiner großen, schweren Gestalt mit dem jugendlich-straffen, vollen Gesicht mit den zarten Zügen, das dem Alter Lügen strafte, den versonnen gütig-wartenden Augen hinter der Brille und seiner weichen, mit einem leichten Zungenschlag erzählenden Stimme lauschte, verblaßte das vorgefaßte Bild des Sonderlings. Ich spürte mit einer

JULIUS SCHMIDHAUSER

seltenen Ergriffenheit, daß hier ein Mensch war, der ein Leben lang mit einer leidenschaftlichen Geistigkeit und einer franziskanischen Lebensweise das Gute, das Aufbauende, das Verbindende in einer technisierten, auseinanderfallenden Welt zu verwirklichen suchte.

Er war nicht der müßige, kontemplative, den Träumen und Mythen nachsinnende Mensch, den ich mir vorgestellt hatte, er nahm den Verzicht, die Vereinzelung, die Einsamkeit in einer kämpferischen Entschlossenheit auf sich, um unbeirrt den schweren steinigen Weg des Denkens zu gehen; denn seine Lebensbahn nahm einen andern Anfang und schien einem praktischen Lebensziel zuzustreben. Freilich gibt dies zu denken, von seinen reformatorischen Vorfahren hatte er das Unbedingte, Kämpferische des Gläubigen geerbt, wenn sich auch später zeigen wird, daß dieses Kämpferische immer von einer umfassenden Liebe gemildert und verklärt wurde. Sein Ahne Ulrich Schmidhauser, Mitreformator von Konstanz, wurde von den Österreichern vertrieben und fand seine neue Heimat im Thurgau; in der Gegend Riedt/Götighofen, und namentlich in Sulgen breitete sich das Geschlecht aus. Eine bemerkenswerte Gestalt war sein Großvater Johannes, der in Altishausen wohnte und später in Kalchrain bei Herdern als Geometer und Förster in den thurgauischen Staatsdienst trat. Eine Urkunde, ausgestellt vom Präsidenten und vom „Kleinen Rath", erinnert ihn an den Feldzug vom Jahre 1847 im Sonderbundskrieg, den er als Adjutant mitgemacht hatte. In einem Tagebuch zeichnete er wichtige Ereignisse aus seiner Zeit und aus seiner Tätigkeit auf, Aktuelles über den Neuenburger Handel, General Dufour, Bemerkungen über Alexander Humboldt und sachliche Probleme, wie Gütervermessung in Kalchrain und Bischofszell, mathematische Berechnungen, Barometerstände, Forstfragen, Versteigerungen, einen Nachruf auf einen verstorbenen Sohn, Notizen aus der älteren Geschichte von Herdern, über die Reben und das Mistführen, von seinem Geometerexamen und von einer Tagung der Naturforschenden Gesellschaft in Frauenfeld. Er verheiratete sich mit Maria Magdalena Hagen aus Hüttwilen. Aus ihrer Ehe entsproß der im Jahre 1856 in Kalchrain geborene Sohn Julius, der nach einer kaufmännischen Ausbildung als Kreispostkassier in Zürich tätig war; er erhielt später das Bürgerrecht von Rüti im Kanton Zürich. Mit seiner Frau Caroline Metzler aus Grafenhausen im Amt

JULIUS SCHMIDHAUSER

Bonndorf im Schwarzwald trat das katholische Element in die Familie. Aus dieser Ehe stammt Julius Schmidhauser, der am 29. März 1893 in der Schützengasse 12 beim Hauptbahnhof in Zürich geboren wurde. Zusammen mit seiner Schwester Olga, geboren 1895, die mit dem Leiter der Stiftung Pro Helvetia, Dr. Carl Näf, verheiratet war, und dem im Jahre 1888 geborenen, später als Zollbeamter wirkenden Bruder Werner verlebte er eine helle, freundliche Kindheit; denn der Vater, groß, schlank, mit einem schönen Bart, war eine großzügige, gesellige, wenn auch eher straffe, bestimmte, im Hinblick auf die Entwicklung seiner Kinder ehrgeizige Natur, im Gegensatz zur weichen Mutter, die mit ihrem überströmenden Sinn für Gastfreundschaft mit der ganzen Hingabe der liebenden Mutter an den Kindern hing. Mit besonderer Wärme erinnert sich Julius Schmidhauser dabei an die herrschaftlich-patriarchalische Großmutter Creszentia Metzler, die in ihrem Schwarzwalddorf in vielen Fragen als Autorität galt und sogar als Richterin bei Streitfragen zugezogen wurde – seine Mutter aber schloß ihren Sohn Julius besonders in ihr Herz; denn er war in allem wohlgeraten, gesittet, nie erregte er Anstoß; an der Primarschule in Hottingen bei Lehrer Brunner oder am kantonalen Gymnasium, wo ihn der Dichter Jakob Bosshardt als Lehrer beeindruckte, galt Julius Schmidhauser als Vorbild; von Kindheit her umgab ihn eine Atmosphäre des Gutseins, des liebenden Verständnisses.

Im Herbst 1911 begann er an der Universität Zürich mit dem Studium der Jurisprudenz, zum Teil in der Berufswahl beeinflußt von seinem ehrgeizigen Vater, der ihn schon als zukünftigen Bundespräsidenten sah.

Nun begann wohl der unruhigste, tätigste, leidenschaftlichste Zeitabschnitt seines Lebens, er studierte ein Semester, 1913/14, in Berlin; in Zürich verdankte er viele Anregungen den Professoren Egger und Huber; er absolvierte die Rekrutenschule, er besuchte die Feldoffiziersschule in Langenthal und wurde zum Leutnant, später zum Oberleutnant befördert. Während des ersten Weltkrieges leistete er während zweier Jahre Grenzdienst – auch später, im zweiten Weltkrieg, bewachte er im Tessin die Schweizer Grenze –; er betätigte sich in den Studentenschaften, wo er sich mit dem politischen und militärischen Problemen heftig, leidenschaftlich und als bekannter Redner auseinandersetzte. Von 1915

JULIUS SCHMIDHAUSER

bis 1916 war er Zentralpräsident des Schweizerischen Zofingervereins, in einer Zeit schwieriger geistiger Kämpfe. Mit Romain Rolland verband ihn ein Briefwechsel, der ihn damals auf die Mission der Schweiz aufmerksam machte, die nicht nur im Verbinden der Wunden bestehe, sondern es sei die Aufgabe der Schweiz, den Geist der in den unsinnigen Krieg gestürzten Völker zu klären, dem Haß das Mitleid und das ruhige Licht der Wahrheit entgegenzustellen.
Im Jahr 1918 stellte sich Schmidhauser während des Generalstreiks auf die Seite der Arbeiter, er ließ ein überschwängliches Flugblatt verteilen und wäre wohl auch auf die Barrikaden gestiegen; diesen Ausbruch mußte er später auf seine Weise büßen; im Jahre 1919 doktorierte er mit der Dissertation „Vom reinen, unmittelbaren Rechtsbewußtsein"; im gleichen Jahr wurde er Sekretär des Schweizerischen Schriftstellervereins, eines Amtes, das er unter den Präsidenten Felix Moeschlin und Robert Faesi bis zum Jahre 1923 versah. Im Jahre 1920 verheiratete er sich mit Alice Spinner, der Tochter des Dekans Spinner, einer sprühenden, geistig lebendigen Frau, die sich am Konservatorium als Pianistin ausbilden ließ und die ihm zu einer verstehenden, sein Werk mitgestaltenden, alles Schwere und Verzichtende geduldig ertragenden Kameradin wurde, einer aktiven Mithelferin auf seiner Wanderschaft ins geistige Reich. Es war nicht nur die äußere Not der Armut, die sie mit ihm ertrug, sondern auch das tiefe Leid, als sie zwei Kinder in jungen Jahren hergeben mußten. Ihre beiden andern Kinder, die Tochter Ruth und der Sohn Hannes, sind heute beim italienischen Film tätig.
Bei der Niederschrift seiner Dissertation bedrängten Schmidhauser viele Fragen, die er ohne berufliche Bindung zu beantworten glaubte; er las in dieser Zeit vorwiegend russische Autoren, Tolstoi, Dostojewski. Um das Gedachte und Innerlich-Geschaute ins Wort zu fassen, zog er in die Stille, die junge Familie reiste in das Tessin, zuerst nach Ascona, später nach Minusio, wo sie für einige hundert Franken ein Häuschen kaufen konnte, in dem sie selber die Leitungen legte, es ausmalte und wohnlich einrichtete; vorübergehend lebten dann die Schmidhausers in Furna, dann in Hermance am Genfersee. Auf Veranlassung seines Schwiegervaters kehrte Schmidhauser noch einmal in das aktive Leben zurück. Im Jahre 1929 übernahm er das Amt des Studentenberaters der evangelischen

JULIUS SCHMIDHAUSER

Kirche an den beiden Hochschulen in Zürich. Mit der ganzen Begeisterung und Hingabe des Gläubigen stürzte er sich in diese aufopfernde Arbeit; er richtete Vorträge ein, leitete Diskussionen, hielt selber Vorträge und betreute die Studenten, die mit ihren Sorgen und Nöten zu dem jungen offenen Seelsorger kamen; viele dauernde Freundschaften wuchsen aus dieser Zeit; die Erfahrungen und Erkenntnisse dieser Jahre führten ihn zur Gestaltung seines ersten Hauptwerkes „Der Kampf um das geistige Reich" mit dem Untertitel „Bau und Schicksal der Universität", von dem Carl J. Burckhardt sagte: „Ich habe kaum je einen Gedankenaustausch durch das gedruckte Wort erfahren, der mich derartig Schicht um Schicht meines Inneren mitbewegend in Denken versetzt hätte – Ihre Sprache hat mich getragen wie ein gütiges, machtvolles und tiefes Element."
Im Jahre 1934 mußte Julius Schmidhauser wegen einer schweren Erkrankung, die sich in Schlaflosigkeit äußerte, wohl eine Folge seines kraftraubenden Einsatzes bei Tag und Nacht für die Studentenschaft, auf dieses schöne, ihn ganz erfüllende und seinem Wesen entsprechende Amt verzichten. Er verzog sich mit seiner Familie wieder in das Tessin, um sich, wie er glaubte, zu erholen und nach kurzer Zeit seine tätige Arbeit wieder aufzunehmen, aber er blieb in dieser südländischen Landschaft, suchend, denkend, sein Werk bauend, er kam in den Dorfteil San Giorgio von Losone ins Tal der Maggia, ins Land „nel cruè"; hier übernahm er das leerstehende Haus, das der Bildhauer Kagan im Jahre 1932 erbaut hatte; es steht im Schutz einer Bambuswildnis wie im verzauberten Märchengarten Laurins mit reifenden Feigen und Trauben; die Kirchen von Losone und San Giorgio, die Rilke aufsuchte, dringen mit ihrem Geläut in den Abendfrieden, der waldigfelsige Monte Bré und der Tamarò sind wie chinesische blaue Schattenrisse im nächtlichen Himmel, am Steintisch unter der Kastanie schwirrt ein Falter um das Kerzenlicht in der Laterne, aus den Gesträuchern und Gräsern dringt erregendes Gezirp; das Gespräch und das gute Wort, aber auch das Schweigen vereinen uns, hier ist Geborgenheit und Weltoffenheit zugleich, hier fand Julius Schmidhauser seine endgültige irdische Heimat.
Das sind die äußern Fakten seines Lebens, aber künden sie wirklich von ihm, von seiner Welt, von seinem Menschsein, von der Weiträumigkeit seines Denkens, von dem ich, gleichsam den Vorhang hebend, nur ahnend einen Blick

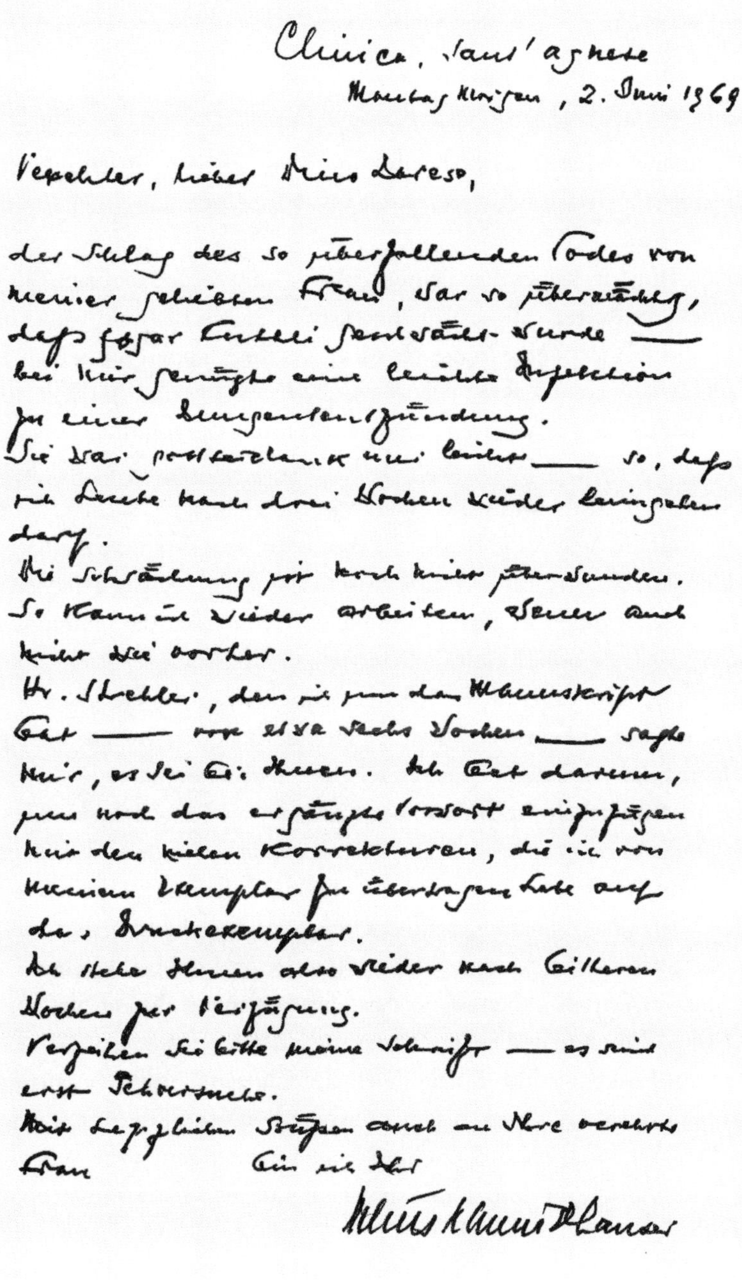

Clinica, Sant'Agnese
Montag Morgen, 2. Juni 1969

Verehrter, lieber Herr Doreso,

der Schlag des so überfallenden Todes von meiner geliebten Frau, war so überraschend, dass sogar [illegible] festgestellt wurde — bei mir genügte eine leichte Infektion zu einer Lungenentzündung.
Sie war gottseidank nur leicht — so, dass ich heute nach drei Wochen wieder ausgehen darf.
Die Schwächung ist noch nicht überwunden.
So kann ich wieder arbeiten, wenn auch nicht wie vorher.
Hr. Strehler, dem ich zum das Manuskript gab — vor etwa sechs Wochen — sagte mir, es sei bei Ihnen. Ich bat darum, ihm noch das ergänzte Vorwort einzufügen mit den vielen Korrekturen, die ich von meinem Exemplar zu übertragen habe auf das Druckexemplar.
Ich stehe Ihnen also wieder nach [illegible] Wochen zur Verfügung.
Verzeihen Sie bitte meine Schrift — es sind erst Schreibversuche.
Mit herzlichen Grüßen auch an Ihre verehrte Frau
[illegible] Ihr

Julius Schmidhauser

Handschrift von Julius Schmidhauser

gewährt bekomme? Sind sie bloße trockene Hinweise oder könnten sie nicht auch deutende Zeichen sein, die ihn im Menschlichen unserm Verständnis näherbringen? Weiß ich in dieser Stunde überhaupt, was sein innerstes Anliegen ist?

Wir saßen lange in seinem schlichten Arbeitszimmer, betrachteten die Bibliothek seines Großvaters, die er mit der Liebe des Nachfahren hütet, nahmen Goethes und Linnés Werke in die Hand, er zog die Mappen mit seinen Manuskripten hervor, ich entdeckte viele theologische Werke, und in dieser geistigen Zelle versuchte ich das Wort einzufangen, das Julius Schmidhauser ausgesprochen hat, um das Wesentliche seines Schaffens zu deuten; es ist der Raum der Liebe, in dem er atmet und wirkt, aber es ist die Liebe als Ganzheit, der heidnische Eros und die Agape, die christliche Nächstenliebe; sie sind ein einziges göttliches Element, der Grundton seines Wesens, der ihn als geistig Schaffenden wie als tätigen Helfer prägt. Es gibt für ihn nichts Trennendes, das Getrennte ist das Tragische; der Eros ohne Nächstenliebe ist zur Entartung verurteilt, die Nächstenliebe ohne Eros führt in die Selbstgerechtigkeit, in die Heuchelei – dies ist sein wesentliches Anliegen und sein leidenschaftliches Bestreben, soweit ich es sehen kann, das Auseinanderstrebende, das Auseinanderfallende – in unserer Zeit die überentwickelte Technik und die unterentwickelte seelische Welt – wieder ins Ganze zu nehmen, eine Welt gleichwertig in der andern Welt wurzeln zu lassen. Schmidhauser verschließt sich nicht vor den Errungenschaften der Technik, der Naturwissenschaften, er anerkennt alles Bestehende, aber er will das Ineinanderwachsen des geistigseelischen Raumes und des technischen Raumes, er will alles im Ganzen sehen; denn das Ganze erscheint ihm als das Wahre. Er sagt: „Es kann für mich alles im Wesen sein, der Leib genauso wie der Geist, wenn sie im Einklang sind mit der Welt des Ganzen – und dementsprechend kann alles für mich im Unwesen sein, selbst der höchste Geist, trennt er sich von diesem Leben des Ganzen." Nicht am Nebeneinander genest die Welt, sondern in der „Durchdringung und Durchdrungenheit", um seine Worte zu gebrauchen, er findet in der Welt der Mystik jene für ihn wesentlichen Aussagen, Jakob Boehmes Wort vom „Ineinander" und „eine Welt steht in der anderen"; ein Strahl aus dem Osten durchdringt sein Werk in diesem Sinn, in Laotses Tao und

JULIUS SCHMIDHAUSER

dem Tai Ki Tu der in sich verschlungenen Welten des weiblichen Yin und des männlichen Yang. Er sucht die Brücke zu schlagen vom Ausweglosen zu den Straßen des Auswegs. Er sagt:

„Die heutige Not des Menschen besteht nicht so sehr im Panischen der Natur als in der verwirrenden Feindschaft der Gedanken des Menschen, von denen jeder alles allein sein will. Das Panische der Natur ist wie die Mütter immer ein Umfassendes – es kennt den Streit als Not, nicht aber wie der männliche Geist als lustvolles Element. Die Natur hat nie einen Krieg der absolutistischen Mächte entfesselt, wie dies der religiöse und der metaphysische Geist getan hat. Heute ist zu erkennen: Der Geist an sich als das Eine oder als der Eine ist so wenig ein Ausweg für uns wie das Pan der Natur. Hier hilft uns die Realität unserer epochalen Bestimmung als Söhne weiter. Die Söhne sind die Erben der Mütter und der Väter: so haben sie aus doppelter Herkunft ihre eigene unverwechselbare Bestimmung. Die eigene Bestimmung der Söhne wird heute noch überschattet durch den jahrtausendelangen absolutistischen Geist der Väter. Es ist aber die auf Leben und Tod gehende Notwendigkeit der Söhne, den paternalen Absolutismus zu überwinden. Der Relativismus unserer Zeit zeigt die Söhne an – es sind aber noch wenige Zeichen einer über den Relativismus hinausgehenden universellen Welt der Relation. Die Söhne vermögen jedoch nur dann eine Welt der Relation zu schaffen, wenn sie durch ihre Not den tieferen, alles tragenden, gemeinsamen Grund erfahren, durch den sie alle verwandt sind. Der gemeinsame Grund ist das Leben des Ganzen oder noch unbedingter das Sein des Ganzen."

Habe ich in dieser Zelle etwas von seiner geistigen Welt geschaut? Die Weisheit der Liebe – ihre universelle Macht ist das Heilende in unserer Welt, wenn sie uns als Ganzes erfüllt.

Julius Schmidhauser gibt uns mit seinem Leben und seinem Werk das Beispiel dieses „Lebens im Ganzen"; der Strom seines Geistes ist vielen unsichtbar, aber er durchdringt Erde und Gestein; und wenn er zurzeit auch in den verborgenen Tiefen rauscht, die Hörenden vernehmen die Stimme dieses Geistes, der an das Unzerstörbare im Menschenbild glaubt. Die Sterne leuchten besonders hell und tröstlich über der „cruè" von San Giorgio.

JULIUS SCHMIDHAUSER

Werkverzeichnis (Auswahl)

Der Imperialismus der Großmächte und die Schweiz. Centralblatt des (Schweizerischen) Zofingervereins, LVII. Jahrgang. Zürich 1916/17.

Die Schweiz im Schicksal der Demokratie. Vortrag, gehalten am 11. Dezember 1930 vor der Zürcher Studentenschaft. Zürich 1931.

Christ und Antichrist in Rußland. The Student World, Volume XXLV. Fourth Quarter. Genf 1931.

Der Kampf um das geistige Reich, Bau und Schicksal der Universität. Hamburg 1933, aus politischen Gründen „vernichtet" am 21. August 1941.

Weihe der Jugend. Festspielentwurf für die Schweiz. Landesausstellung. Schloß Seehaus bei Salzburg 1938.

Das Reich der Söhne. Berlin, vordatiert 1940, vergriffen, 1939.

Rose du bist. Privatdruck zum 50. Geburtstag, veranstaltet von den Freunden. Zürich 1943.

Mnemosyne, Gedenken und Dank, Die Taten der Mütter und Väter am Kinde Mensch. Heidelberg 1953, 1954, vergriffen.

Magie der Bilder, Die Macht der Einbildungskraft. Aus dem Buch, „Der weiße Faust", Paracelsus, Castrum Peregrini, I L. Amsterdam MCMLXI, 1961.

Revolution, Geschick und Ungeschick der Neuen Zeit. Zum 70. Geburtstag herausgegeben von den Freunden. Stuttgart 1963.

Anmerkungen. In diesem Verzeichnis sind die wichtigsten Schriften aufgeführt. Es stehen jedoch noch zahlreiche Aufsätze und Reden aus.

Die Schwierigkeit dieser Bibliographie bestand in der übergroßen Zahl der unveröffentlichten Schriften. Da diese von Hand zu Hand gingen, sind einige der Manuskripte verlorengegangen; sie sind hier nach älteren Verzeichnissen mit aufgenommen worden. Es besteht die Möglichkeit, daß sie gerade durch diesen Versuch einer Bibliographie wieder zum Vorschein kommen.

Die Schriften, Aufsätze und Reden sind hier nach ihrer Zusammengehörigkeit und den Entstehungsorten und Daten geordnet.

MARTIN HEIDEGGER

1889 – 1976

MARTIN HEIDEGGER

Werdegang

Martin Heidegger kam am 26. September 1889 in Meßkirch zur Welt. Nach dem Besuch der Volksschule trat er zuerst in das Gymnasium in Konstanz, später ins erzbischöfliche Gymnasium in Freiburg ein. Anschließend besuchte er das Noviziat der Jesuiten in Tisis bei Feldkirch. Im Jahre 1909 begann er das Studium der Theologie und der Philosophie in Freiburg. 1911 brach er das Studium der Theologie ab. 1913 promovierte er mit der Dissertation „Die Lehre vom Urteil im Psychologismus". Im Jahre 1915 folgte die Habilitation mit „Die Kategorien- und Bedeutungslehre des Duns Scotus". Nach einer gewissen Zeit im Wehrdienst, heiratete er Elfriede Petri, in dieser Ehe wurden die Söhne Jörg und Hermann geboren. Ab 1918 wirkte Martin Heidegger als Privatdozent und Assistent von Husserl in Freiburg. Im Jahre 1923 wurde er nach Marburg berufen. Als Nachfolger von Husserl erhielt er eine Berufung nach Freiburg, wo er 1933 die Stelle als Rektor antrat. Er setzte sich, zuerst positiv, mit dem Nationalsozialismus auseinander. 1946 erhielt er ein bis 1949 dauerndes Lehrverbot. Im Jahre 1951 beginnt Heidegger wieder mit seiner Lehrtätigkeit. Mit verschiedenen Vorträgen und Seminaren in Hochschulen und Gesellschaften begegnete man Martin Heidegger. 1959 sprach er erstmals in Amriswil über „Dichten und Denken", ausgehend vom Gedicht „Das Wort" von Stefan George. Im gleichen Jahr erhielt er die Ehrenbürgerauszeichnung von Meßkirch. 1964 hielt er in Amriswil den Vortrag „Sprache und Heimat". Im Jahre 1965 sprach Martin Heidegger an der Feier von Dr. Ludwig Binswanger. Zum 80. Geburtstag von Martin Heidegger den er in Amriswil feierte, sprachen Prof. Dr. H. G. Gadamer, Heidelberg, Prof. Dr. Emil Staiger, Zürich, Graf Clemens Podewils von der Bayrischen Akademie in München. Anläßlich der Feier zum 70. Geburtstag von Friedrich Georg Jünger in Amriswil, hielt Martin Heidegger eine Festansprache. Es sprachen damals auch Ernst Jünger, Dr. Erwin Jaeckle, Zürich und Dr. Graf Clemens Podewils. Martin Heidegger starb am 26. Mai 1976 in Meßkirch. In Amriswil wird das Andenken an den großen Philosophen besonders gepflegt, sein Geburtsort Meßkirch würdigt ihn mit der Martin-Heidegger-Gesellschaft und dem Martin-Heidegger-Gymnasium.

MARTIN HEIDEGGER

Mit Heidegger in Hauptwil
Dino Larese

Wir standen am frühen Abend des 9. April im Schloßhof von Hagenwil, einige Gruppen von angeregten Menschen, die von der Eröffnung einer Manzù-Ausstellung in St. Gallen in die stille Abgeschiedenheit dieser Wasserburg zusammengekommen waren, um das Gespräch weiterzuführen, das vor den Plastiken des italienischen Bildhauers begonnen hatte. Manzù selber, klein, konziliant, gütig, aufmerksam aufgetan, mit dem offenen Gesicht, unterhielt sich mit einigen deutschen Malern, Schweizer Kunstkritikern und lebhaften Italienerinnen. In einer Ecke des Schloßhofes, wo das Holz aufgeschichtet war, und die Kühle des Schloßweihers hereindrang, lehnte der Maler Otto Dix mit dem verkniffenlistigen, braungebrannten Gesicht und zeichnete unauffällig, verstohlen, als müßte er einen kleinen Diebstahl verbergen, die gedrungene Gestalt des Philosophen Martin Heidegger, eine Gestalt, die einem hiesigen Bauern entsprechen würde, der eben über die Zugbrücke hereinkäme, einen Abendschoppen in der Schloßwirtschaft zu trinken. Dann blickten mich seine Augen an, verschmitzt, hintergründig, aber dann schienen sie mir auf einmal groß, von einer durchdringenden Klarheit und Helle. Er war zurückhaltend, fast scheu, schweigsamer Art, aber im Lauf des Gesprächs, wenn der Wein gut war, leuchtete ein hiesig-ländlicher Humor auf, Freude am Witz. Er sprach ruhig, ohne dramatische Akzente, die innere Gelassenheit drückte sich in den spärlichen Gebärden aus.
Ich fragte ihn nach dem Eindruck, den er von der Kunst Manzùs bekommen hatte.
In seiner pausierenden, das Wort bedächtig setzenden Art sagte er: „Auf ihre Frage ist eine sehr einfache Antwort zu geben. Es ist die Unmittelbarkeit der plastischen Darstellung, in der für mich etwas Ursprüngliches der griechischen

Plastik wieder zur Erscheinung kommt, ohne daß es als eine Nachahmung aufgefaßt werden dürfte. Ich sehe in dieser Kunst einen neuen Versuch, das, worin ich das Wesen der Kunst zu sehen meine, das Ins-Werk-Setzen der Wahrheit wieder zu verwirklichen – auf dem Wege, das Bild des Menschen und des zwischenmenschlichen Verhältnisses wieder zur Darstellung zu bringen."
Von der griechischen Plastik ausgehend, nahm unser Gespräch eine überraschende Wendung, indem wir auf Hölderlin, dessen Dasein und Dichtung als schmerzlich-heldischer Hymnus Heideggers Denken immer heftig beschäftigt, zu sprechen kamen.
„Ist nicht Hauptwil in der Nähe?" fragte mich Heidegger.
„Doch, in einer knappen Viertelstunde erreichen wir es mit dem Wagen."
Ich bemerkte ein Aufleuchten in Heideggers Augen, das ich als Wunsch und als Bitte gleichermaßen verstand.
Wir fuhren durch die Felderweiten, streiften die Einsamkeit der Hudelmooser-Ried- und Moorlandschaft, die Stille und verträumte Traulichkeit von Bischofszell und hielten dann auf der Höhe über Hauptwil einige Augenblicke inne, als müßten wir diese stille Landschaft, in der Erinnerung an den Aufenthalt Hölderlins, verklärter sehen und erkennen.
Mit Heidegger betrat ich den Friedhof, wo in einer grünen Stille an der Friedhofmauer zwei Gedächtnisplatten an die Familie von Gonzenbach erinnern. Heidegger beugte sich über die Rabatte, um im Dämmerlicht die Aufschriften lesen zu können, die er leise vor sich hinmurmelte: „Daniel von Gonzenbach, geboren am 31. Oktober 1796, gestorben am 9. Oktober 1853; Pauline von Gonzenbach, geboren am 11.Oktober 1795, gestorben am 14. September 1863; Wilhelm von Gonzenbach, geboren am 4. Mai 1789, gestorben am 26. September 1866." Dann schaute er mich an, als wollte er sagen: „Könnten das nicht die Kinder sein, die Hölderlin unterrichtete?"
Schweigend schritten wir dann hinunter zum Kaufhaus, öffneten das schnarrende Eisentor und traten in den gepflegten, biedermeierlich-traumhaften Garten mit den hohen Bäumen, schauten hinauf zu den geschlossenen Fensterläden, hinter denen wir Hölderlins Zimmer vermuteten, überquerten dann auf einem schmalen Holzsteg den Bach, um die Gedächtnisplatte über dem Eingang des

MARTIN HEIDEGGER

„Schlößlis" zu lesen. „Nur in ganzer Kraft ist ganze Liebe", sagte hernach Heidegger, die Worte wiederholend.

Wir aber, die Spätgeborenen, wanderten durch das Dorf in Gedanken an Hölderlin, durchs Tortürmchen, am neuen Schloß vorbei hinunter ins Kaufhaus und schritten durch die weiten, bildergeschmückten Räume und verweilten lange in der Hölderlinecke, wo pietätvoller Sinn die Dinge hegt, die an Hölderlin erinnern, einen kleinen Schattenriß mit Hölderlins Schrift, die Miniaturbilder der Gonzenbachs und Hölderlins Werk. Nur eine Uhr tickte, draußen rauschte der Bach, wir aber lasen in seinen Schriften an dem Ort, wo er geweilt, und der große, weite Atem dieses „reinsten und heimlich strahlendsten unter unsern großen Kündenden" wehte durch den Raum, Stube, Dorf und Landschaft verklärend, und unser Wesen, andächtig und ehrfürchtig gestimmt, von innen her durchleuchtend.

Als wir in der Nacht nach Hagenwil zurückfuhren, rauschte ein kurzer kräftiger Regen hernieder. In einem seltsamen Zwiespalt saßen wir am Tisch. Otto Dix zeichnete gegenwärtig weiter und suchte das Geheimnis dieses verschlossen-aufgetanen, widersprüchlich scheinenden Antlitzes zu ergründen. Manzù, glücklich in sich und in der Geborgenheit der herben Schönheit seiner Freundin ruhend, lächelte gewinnend, als wäre sein Griechentum nur Heiterkeit, Harmonie. Jemand öffnete ein Fenster, ein kühler Luftzug strich herein; die Kerzen flackerten kurz, als wollten sie verlöschen.

MARTIN HEIDEGGER

Sein und Zeit

aus der Ansprache von Emil Staiger an der Feier in Amriswil

„Sein und Zeit", das Werk, das Martin Heideggers Ruhm begründet hat, ist 1927 erschienen. Wir kommen damit in eine Zeit, deren geistigen Reichtum wir uns heute kaum mehr vorzustellen vermögen. Wenige Jahre früher hat Rilke seine „Sonette an Orpheus" geschrieben. Hugo von Hofmannsthal ist mit der großen Tragödie „Der Turm" beschäftigt. Stefan George bereitet eine Gesamtausgabe der Werke vor. Thomas Mann beginnt sich in die Josephsgeschichten zu vertiefen. Auch auf die Vergangenheit fiel damals ein neues, oft überraschendes Licht. Zu Heinrich von Kleists und Hölderlins Schaffen glaubte man – mit einigem Recht – erst jetzt den richtigen Zugang zu finden. Die Theologen begannen sich auf das Christentum Kierkegaards zu besinnen. Unter den Philosophen ragten Gestalten wie Husserl und Scheler hervor.
Ich habe damit nur einige der bedeutendsten Namen herausgegriffen. Sie dürften aber genügen, um uns klar zu machen, was es hieß, als ein noch unausgewiesener Mann von achtunddreißig Jahren sich in diesem Kreis Gehör zu verschaffen.
Nun, Heidegger wurde gehört. Schon kurz nach dem Erscheinen war „Sein und Zeit" das meist umstrittene, meist bewunderte und bezweifelte Werk der zeitgenössischen Philosophie. Es wirkte weithin als begeisternde oder erschreckende Sensation. Es lag in der geistigen Landschaft auf einmal da wie ein erratischer Block, von dem man nicht zu sagen wußte, woher er kam und wohin er gehörte.

Nun ist es aber Menschenart, das Ungeheure sich nach eigenem Sinn zurechtzulegen und in gewohnte Zusammenhänge zu rücken. So verfuhr man denn auch mit dem seltsamen Buch. Die Jünger Kierkegaards, durch den Begriff der Existenz verleitet, nahmen es rasch für sich in Anspruch und deuteten es, trotz kla-

MARTIN HEIDEGGER

rer Warnung, in subjektivistischem Sinne um. Andere meinten, es handle sich um die längst erhoffte Basis einer philosophischen Anthropologie. Psychologen vor allem und Literarhistoriker haben „Sein und Zeit" auf diese Weise ausgelegt und für ihre eigenen Zwecke benutzt. Und freilich läßt sich nicht bestreiten, daß das Werk, auch so verstanden, ungemein fruchtbar geworden ist. Ich darf hier aus eigener Erfahrung und aus der Erfahrung vieler um ähnliche Forschungsziele bemühter Freunde sprechen. Wir hatten die alten, allzu geläufig gewordenen Kategorien satt. Wir sehnten uns nach einem festen metaphysischen Fundament, so wie es die Wissenschaften noch vor hundert Jahren in Hegels Philosophie gefunden zu haben glaubten. Und anderseits sahen wir ein, daß die uns hie und da empfohlene Rückkehr zum Denken des Idealismus in unseren Tage nicht mehr statthaft sei. Eine Philosophie vom Rang der großen idealistischen Systeme, doch ohne die zeitbedingten Grenzen: das glaubten wir in Martin Heideggers Onotologie verehren zu dürfen. Wir haben uns wohl befunden dabei und dies und jenes unternommen, was uns ohne „Sein und Zeit" nie in den Sinn gekommen wäre. Wenn einst die Geschichte der Geisteswissenschaften unserer Tage geschrieben wird, dürfte kein Name so häufig fallen wie der des Verfassers von „Sein und Zeit". Man wird ihm überall als dem mit gebührendem Dank genannten oder aus undurchsichtigen Gründen verschwiegenen creator spitirus begegnen, als dem Erneuerer unseres Denkens, als der unversieglich strömenden Quelle geistiger Energie....
In einer Reihe von Interpretationen hat Heidegger Zeugnis von seiner Begegnung mit Hölderlin abgelegt. Die literaturwissenschaftliche Zunft hat diese Schriften zwiespältig beurteilt. Manche fanden, hier sei eine völlig neue Bahn des Verstehens erschlossen. Andere zweifelten. Wieder andere sprachen rundheraus von Willkür. Das Letztere hätte man freilich angesichts von Heideggers Sachkenntnis und angesichts der Sorgfalt, mit der er die Texte las, nicht sagen dürfen...
...Der Sprachstil Heraklits scheint für Heidegger vorbildlich geworden zu sein, das heißt eine Weise des Sprechens, die nicht mehr diskursiv-begründend verfährt, nicht deduziert, nicht logisch entwickelt, sondern in konzentriertester Form, in der Form von Sprüchen, wie man sie über Tempelpforten meißeln

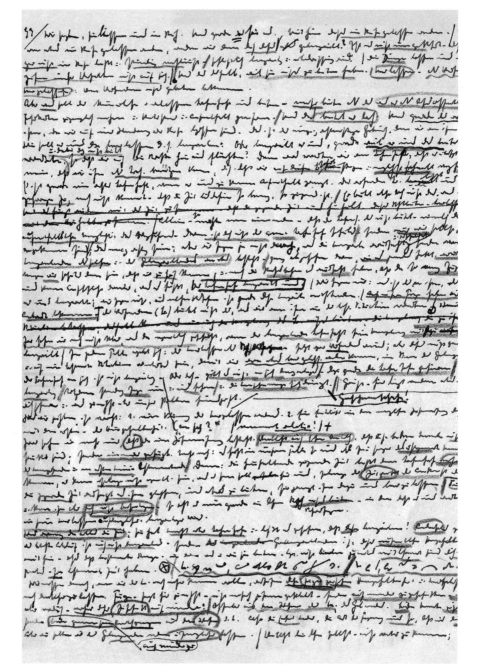

Handschrift von Martin Heidegger

könnte, das tiefste Geheimnis der Götter und der Menschen, des Himmels und der Erde – nicht enthüllen, wie wäre das jemals möglich? – uns aber so zu bedenken geben, daß wir nie mehr zur Ruhe gelangen, daß unser Dasein zu einem einzigen, nie zu beendenden Aufbruch wird...

Es stellt die Wissenschaft als solche in Frage, sogar die Philosophie. Es fragt zurück bis vor den Beginn des bekannten abendländischen Denkens und damit vor in eine Zukunft, von der sich noch niemand eine Bild zu machen vermag, auch Heidegger selber nicht. Das spricht er aus in jenem Satz, der sein und unser aller Los mit den unvergeßlichen Worten umschreibt: „Wir kommen für die Götter zu spät und zu früh für das Seyn. Dessen angefangenes Gedicht ist der Mensch."

Zu spät und zu früh! Weil er sich so entschlossen zu diesem „Zwischen" bekennt, weil er an eine nicht vom Menschen selbst bewirkte, sondern dem Menschen zugedachte perávora glaubt, an eine Verwandlung aller Maße und aller Weisen des Denkens und Fühlens aus dem Abgrund des Seins und des Nichts, erträgt er mit der Gelassenheit, deren Zeugen wir schon so lange sind, die schwer erträgliche Gegenwart, die ihm wahrhaftig nichts von alle dem erspart, was minder starke Denker beirrt und aus der Bahn wirft. Er weiß auch, was es heißt, wenn heute die Meinung herrscht, man sei über Heideggers Ontologie hinausgelangt und brauche sich nicht mehr um sie zu kümmern. Wie seinerzeit beim Übergang von Hegel und Schelling zu den Materialisten der Mitte des letzten Jahrhunderts läuft dieses „Darüberhinausgelangen" auf ein Vergessen, ein Erblinden, auf eine Weigerung hinaus, es in der scharfen Luft der höchsten Gipfel länger auszuhalten.

Martin Heidegger selbst hält aus. Die Aufzeichnung, die auf den Satz von den Göttern und dem Seyn folgt, lautet:

„Auf einen Stern zugehen, nur dieses."

Der Gang auf einen Stern zu ist ein Gang in tiefster Einsamkeit.

MARTIN HEIDEGGER

Fragen nach dem Aufenthalt des Menschen

Dankrede von Martin Heidegger
an der Geburtstagsfeier in Amriswil

Um Ihnen gebührend zu danken, möchte ich in dieser Stunde gleichsam ausweichen.
Jedesmal, wenn ich in Amriswil bin, ist das eigentlich Bewegende die Nähe des Dorfes zum Dorf Hauptwil, wohin Hölderlin im Januar 1801 über Sigmaringen, Überlingen, Dingelsdorf, Konstanz gewandert ist. Und er durfte nur drei Monate bleiben, um im April wieder zurückzukehren in die schwäbische Heimat. Bald darauf war ihm geschenkt die Dichtung unter dem Titel „Heimkunft", und die letzte Strophe sagt:
... wenn wir Ruhn vom Leben des Tags, saget, wie bring' ich den Dank? Nenn' ich den Hohen dabei? ...
„Wie bring' ich den Dank?" – Danken kann nur, wer erfahren hat das Sich-Verdanken dem, was ihn bestimmt, was er nicht selbst ist. Sich-Verdanken, das heißt: wissen oder zum mindesten ahnen oder gar nur fragen: Wo halten wir uns auf? Und diese Frage nach dem Aufenthalt des Menschen in dem gegenwärtigen Zeitalter möchte ich in kurzen Augenblicken fragen, nicht beantworten.
Hölderlins Heimkunft nach dem Aufenthalt in Hauptwil war zuerst die Heimkunft ins schwäbische Land. Es war aber auch die Heimkunft in den Wohnsitz seiner großen dichterischen Bestimmung; denn von diesen Jahren an entstanden die großen Elegien, Hymnen und Entwürfe. Heimkunft war für ihn aber auch die Umnachtung. In einer geheimnisvollen Nacht, deren Nachten dem Dichter ein Sagen schenkte, das wir erst heute langsam zu hören lernen und unter dem Titel „Die spätesten Gedichte" kennen.
Schon Norbert von Hellingrath hat die Klarheit, wie er sagt, und die Würde dieser spätesten Gedichte erkannt. Eines von ihnen, das Hölderlin ein Jahr vor sei-

nem Tode gedichtet hat, trägt die Überschrift „Der Herbst", und der erste Vers lautet: „Das Glänzen der Natur ist höheres Erscheinen." Schwer zu deuten, und doch einfach. Der Sinn dieses Wortes reicht zurück bis zu dem Satz Heraklits, den Herr Staiger vorhin nannte. Und wenn wir fragen nach dem Aufenthalt des modernen Menschen im jetzigen Weltalter, fragen wir: Gibt es noch ein Glänzen der Natur? Gibt es noch ein Erscheinen? Gibt es noch gar ein höheres Erscheinen, das heißt: das Erscheinen des Hohen?

Das Glänzen der Natur ist verstellt, und ihr Erscheinen ist ihr verwehrt – insofern wir in einer Epoche leben, in der das Anwesende nur anwesend ist in der Gestalt dessen, war menschliche Machenschaften herstellt und sich bestellt. Und dieser Bestand ist zugleich das Unbeständige, das auf den Verschleiß, auf den Ersatz, auf das sich ständig Überholende hinaus will.

Statt des Erscheinens das Bestellbare, und dies so entschieden, daß wir heute nicht einmal wissen, woher das Bestellbare als solches, das heißt: die Bestellbarkeit, entspringt. Der heutige Mensch meint, er mache sich selbst und die Dinge um ihn. Es ist ihm unzugänglich, daß die Bestellbarkeit dieses Bestandes nur ein verborgenes Geschick dessen ist, was die Griechen als die Anwesenheit des Anwesenden dachten.

So kommt es, daß der heutige Mensch nicht sehen kann, geschweige denn fragen, wo er sich aufhält; daß das, dem er ausgesetzt ist, sich ihm entzieht; mehr noch: daß er diesen Entzug nicht als solchen zu erfahren vermag; mehr noch: daß er nicht bedenken kann und fragen kann, ob vielleicht der Entzug der Gegend seines Aufenthaltes etwas wirkt, worin ihm, dem Menschen, Höheres vorenthalten ist – daß dieses Vorenthalt nicht das leere Nichts ist, sondern die einzige Realität alles vermeintlich realistischen Machens und Betreibens.

Wir fragen die Frage: Ist unser Wohnen der Aufenthalt in einem Vorenthalt des Hohen? Waltet in diesem Vorenthalt eine Betroffenheit, die das Wesen und Wohnen des Menschen ganz anders trifft als die heutigen bestellbaren Bestände und sogenannten Realitäten?

Wenn es so stünde, dann müßte auch und zuerst, von diesem verborgenen Anwesenden betroffen, das Denken sich wandeln. Und es sollte dabei dem Wink folgen, den Hölderlin in einem Brief aus dem Herbst des Jahres 1802, also

*Geburtstagsgäste in Amriswil: Oben: Otto Dix, Giacomo Manzù, Martin Heidegger.
Unten: Ortega y Gasset und Martin Heidegger*

kaum anderthalb Jahre nach seinem Aufenthalt in Hauptwil, seinem Freund Böhlendorff geschrieben hat: „Mein Lieber! ich denke, daß wir die Dichter bis auf unsere Zeit nicht kommentieren werden, sondern daß die Sangart überhaupt wird einen anderen Charakter nehmen..." Sollte das Denken im jetzigen Weltalter, statt als logischer Positivismus und Wissenschaftstheorie hinter den Machenschaften des Zeitalters herzurennen – sollte das Denken überhaupt nicht einen anderen Charakter nehmen? Zwar können wir aus der technischen Welt nicht herausspringen; sie ist eine notwendige Bedingung des modernen Daseins. Aber sie ist nicht die hinreichende; sie reicht nicht dorthin, von woher das Dasein des Menschen vielleicht gerettet werden kann. Darum müßte dieses Denken beginnen mit der Frage: „Ist das Wohnen der Menschen heute der Aufenthalt im Vorenthalt des Hohen"?

MARTIN HEIDEGGER

*Zur Einweihungsfeier für das Gymnasium
in Meßkirch am 14. Juli 1973*

verfaßt von Martin Heidegger

Das Gebäude des Gymnasiums steht. Seine Einrichtung entspricht den neuesten Erfordernissen für den Schulunterricht im Industriezeitalter.
Wir fragen: Wo steht das Gymnasium? Die Antwort liegt nahe. Es steht an einer breiten Fahrstraße. Sie war früher ein schmaler Feldweg und ist dies verborgenerweise noch heute und morgen.
Der Feldweg wurde einem Studenten, der vor vielen Jahrzehnten oft auf ihm unterwegs war, zum Weg des Denkens, das versuchte, dem Vorbild der großen Dichter nach-zudenken, um von ihnen zu lernen.

Der größte deutsche Dichter ist Immanuel Kant. Er lebte von 1724 bis 1804 in Königsberg (Ostpreußen) und lehrte an der dortigen Universität. Sein Vater betrieb das Handwerk eines Sattlers. Die Vorfahren seiner Mutter, einer geborenen Reuter, sind ursprünglich Schwaben und aus Tübingen über Nürnberg nach Königsberg gekommen.
In seiner Vorlesung über Logik, der Lehre vom Denken, spricht Kant vom Feld des Denkens. Er beschreibt dieses Feld des Denkens mit den Worten:

Das Feld des Denkens ... läßt sich auf folgende Fragen bringen:
   1. Was kann ich wissen?
   2. Was soll ich tun?
   3. Was darf ich hoffen?

MARTIN HEIDEGGER

Auf dem Weg dieser Fragen ist das Denken Kants durch sein Feld hindurch unterwegs. Der Feldweg des Denkens erschöpft sich jedoch nicht in den genannten drei Fragen. Der Denker Kant fügt eine vierte Frage an. Sie lautet:

Was ist der Mensch?

Allein diese vierte Frage ist den aufgezählten drei Fragen nicht nachträglich angehängt. Kant vermerkt vielmehr ausdrücklich:

Im Grunde beziehen sich die drei ersten Fragen auf die letzte.

Dies alles sagt uns: Der Gang auf dem Feldweg des Denkens ist das ständige Fragen: Was ist der Mensch?
Wenn wir heute im Zeitalter der technischen Industriegesellschaft und der technischen Nachrichtenvermittlung versuchen durch das Feld des Denkens zu gehen, finden wir uns vor die bestürzende Frage gestellt:

Ist der Mensch dasjenige Wesen, das sich selbst und seine Mittel zum Leben herstellt?

Oder:
Ist das Dasein des Menschen durch ein Geschick bestimmt, über das er nicht verfügt, dem er sich in all seinem Tun und Lassen zu fügen hat?

So lautet die alles tragende Frage auf dem Weg durch das Feld des Denkens.

Die vorstehende Betrachtung begann mit einer dem Anschein nach äußerlichen Frage: Wo steht das Gymnasium? Und mit der naheliegenden gleichen äußerlichen Antwort: Es steht am früheren Feldweg.
Hören wir jetzt den Namen Feldweg im Sinne des Weges durch das Feld des Denkens und seiner bedrängenden Leitfrage: Was ist der Mensch?, dann steht das Gymnasium zwar nicht auf dem Feldweg, sonder nur am Feldweg. Dies will sagen:
Das Gymnasium hat nicht die Aufgabe, die Frage: Was ist und wer ist der Mensch im gegenwärtigen Weltalter? zu fragen oder gar zu beantworten. Aber

MARTIN HEIDEGGER

das Gymnasium am Feldweg steht – ob seine Lehrer und Schüler dies eigens wissen und bedenken oder nicht – am Rande der Bedrängnis durch die Frage: Wer oder was ist der heutige Mensch? Von woher kommt die Bestimmung dessen, wer der heutige Mensch ist? Die Frage nach dem Woher dieser Bestimmung hat den unüberholbaren Vorrang vor allen Fragen der Selbst- und Mitbestimmung der täglichen Aufgaben und Ansprüche.
Die Bedrängnis der Frage nach der Bestimmung des Menschen trifft jedes Gymnasium. Jedes steht am Feldweg. Mehr noch: Jede Schule – ob Grundschule, ob Hauptschule, ob höhere Schule, ob Berufsschule, ob Hochschule jeglicher Art – das ganze Schulwesen, das Staatswesen können der Bedrängnis der Frage nach der Bestimmung des Menschen nicht ausweichen, weil der Mensch durch die Endlichkeit seines Wesens ständig der Gefahr der Irrnis ausgesetzt bleibt und zum Fragen der Frage: Wer ist der Mensch? bestimmt ist.

Das *Gymnasium am Feldweg* – mir scheint, dies wäre die rechte Inschrift für das neue Gebäude, die schicklicherweise ungeschrieben bleiben muß.
Nötig wäre freilich, die ungeschriebene Inschrift würde bisweilen von den Lehrern und Schülern je auf ihre Weise bemerkt und bedacht.
Das Gymnasium, die Schulen am Feldweg – diese Ortsbestimmung nennt nichts Geringeres als die Fragwürdigkeit des heutigen Menschenwesens, die Selbstbedrohung seines Daseins und seiner Machenschaften.

Martin Heidegger (Schüler der Bürgerschule 1899 – 1903)

MARTIN HEIDEGGER

Wirkendes Wort

*Für Dino Larese als Dank, daß er die Stifter-Lesung angeregt hat,
verfaßt von Martin Heidegger*

Die folgende Lesung bringt einen Text aus dem Werk von Adalbert Stifter, der 1805 geboren, 1868 gestorben ist.
Das gewählte Stück gehört in die Erzählung „Die Mappe meines Urgroßvaters"[1].
Die Arbeit an den verschiedenen Fassungen dieses Werkes hat den Dichter bis auf sein Kranken- und Sterbelager begleitet.
Über das gewählte Stück schreibt Stifter in einem Brief (an seinen Verleger Heckenast Ende 1846): „Ich glaube die Eisgeschichte ... muß tief wirken."
Die „Eisgeschichte" sollen Sie jetzt hören. Hernach sei in wenigen Sätzen begründet, warum diese Geschichte für die Reihe „Wirkendes Wort" gewählt wurde.

*

Zur Begründung der Wahl der „Eisgeschichte".
Inwiefern muß nach dem Wort A. Stifters diese „Eisgeschichte tief wirken"? Was mag der Dichter mit der Wirkung seines Wortes gemeint haben?
Die Geschichte erzählt, wie der Doktor mit seinem Knecht an einem Wintertag bei der Besuchsfahrt zu den Kranken auf den vereisten Wald trifft. Stifter nennt die Vereisung des Waldes einfach – „Ding".
Beruht das Wirkende der Erzählung im Ungewöhnlichen dieses Dinges, das den Leser fesselt? Oder beruht die Wirkung des Wortes in der Kunst, mit der Stifter dieses Ding beschreibt und den Leser darüber erstaunen läßt? Oder beruht die Wirkung in beidem: im Ungewöhnlichen des Dinges und im Erstaunlichen der Darstellung? Oder hat das Wirken des Wortes gar noch anderes im Sinn?

69

MARTIN HEIDEGGER

Die Vereisung befällt an diesem Tag und in der ihm folgenden Nacht nicht nur den Wald, sondern auch die Wohnungen der Menschen. Zur Eisgeschichte gehört deshalb die Rückkehr des Doktors in sein Haus, gehört das nächtliche Gespräch mit den Nachbarsleuten, die entfernt von ihren Häusern stehen.
„Die Eisgeschichte muß tief wirken", sie könnte den Leser im Grunde seines Daseins treffen. Wie also wirkt das Wort des Dichters? Es wirkt, indem es den Leser hervorruft, nämlich in das Hören auf das Gesagte, d.h. auf das im Wort Gezeigte. Das Wirken des Wortes ist ein Rufen und Zeigen. Es verursacht keine Wirkungen wie Druck und Stoß im Bezirk mechanischer Abläufe.
Doch wohin zeigt das Wort der Eisgeschichte? Aus der Furcht, ihre Häuser könnten durch die vereisten Schneelasten über Nacht eingedrückt werden, haben die Menschen ihre Wohnungen verlassen. Sie bangen um ihr Wohnen, um ihr Dasein. Der Doktor spricht mit ihnen. Er sagt ihnen vom Rieseln und Rinnen des Wassers, wie es das Eis anders im Geäst der Bäume bildet, anders auf der Fläche der Dächer. Der Doktor verweist das Blicken und Sinnen seiner Nachbarn auf diesen einfachen, jedoch verborgenen Vorgang. So lenkt der Dichter das Denken der Menschen weg vom gewaltigen Rauschen und Krachen, Brechen und Stürzen auf etwas Unscheinbares, das still und sanft waltet.

In seiner Vorrede zu den „Bunten Steinen", von der Stifter sagt, sie „passe keineswegs für junge Zuhörer", gibt er folgendes zu bedenken: „Das Wehen der Luft, das Rieseln des Wassers, das Wachsen der Getreide, das Wogen des Meeres, das Grünen der Erde, das Glänzen des Himmels; das Schimmern der Gestirne halte ich für groß; das prächtig einherziehende Gewitter, den Blitz, welcher Häuser spaltet, den Sturm, der die Brandung treibt, den feuerspeienden Berg, das Erdbeben, welches Länder verschüttet, halte ich nicht für größer als obige Erscheinungen, ja ich halte sie für kleiner, weil sie nur Wirkungen viel höherer Gesetze sind. Sie kommen auf einzelnen Stellen vor und sind die Ergebnisse einseitiger Ursachen. Die Kraft, welche die Milch im Töpfchen der armen Frau emporschwellen und übergehen macht, ist es auch, die die Lava in dem feuerspeienden Berge emportreibt und auf den Flächen der Berge hinabgleiten läßt." Wohin lenkt Stifter unsere Gedanken? Folgen wir ihm, denken wir noch einen

Martin Heidegger beim Signieren in Amriswil

unmerklichen Schritt weiter, um das Wirken des dichtenden Wortes deutlicher zu verstehen.

Die Kräfte und Gesetze, auf die der Dichter zeigt, sind selber noch ein Zeichen. Denn sie zeigen in jenes ganz Unsichtbare, jedoch allem zuvor alles Bestimmende, dem der Mensch aus dem Grunde seines Daseins entsprechen muß, wenn er auf dieser Erde soll wohnen können. Das dichtende Wort zeigt in die Tiefe des Grundes. Stifter nennt es das Große. „Jede Größe", sagt er, „ist einfach und sanft, wie es ja auch das Weltgebäude ist." (Brief an Heckenast Juli 1847.) Und an der Stelle heißt es: „Das Große posaunt sich nie aus, es ist bloß und wirkt so." (Brief 11. August 1847.)

Das Zeigen des wahrhaft Großen im Kleinen, das Zeigen in das Unsichtbare, und zwar durch das Augenfällige und durch das Tägliche der Menschenwelt hindurch, das Hörenlassen des Ungesprochenen im Gesprochenen – dieses Sagen ist das Wirkende im Wort des Dichters Adalbert Stifter.

Die inständige Bemühung um ein solches Zeigen verhilft dem Dichter zu einer Sprache, die von Werk zu Werk immer „„tiefer, körniger, großartiger und dann ganz rein und klar und durchsichtig in der Form" spricht. (Brief an Heckenast 16. Februar 1847).

Allein dieses selbe Suchen nach dem Wort, das jeweils das zu zeigende Ding in seinem Unsichtbaren erblicken läßt, nötigt zuweilen dem Dichter auch ein Bekenntnis ab von der Art des folgenden an den Verleger: „Aber einen anderen Jammer muß ich Ihnen mitteilen, nämlich wegen der Mappe. Das ist eine heillose Geschichte. Das Buch gefällt mir nicht." (Brief an Heckenast. A. a. O.). Der letzte Satz ist unterstrichen und geschrieben während der erneuten Arbeit an der Erzählung, der die gelesene „Eisgeschichte" entnommen ist.

Dagegen spricht Stifter seine vollendete Sprache in der letzten, jedoch unvollendeten Fassung der „Mappe". Sie erschien erst aus dem Nachlaß des Dichters beinahe hundert Jahre nach der frühesten Fassung. – In der letzten „Mappe" fehlt noch die „Eisgeschichte".

Dem ganzen Werk „Die Mappe meines Urgroßvaters" hat A. Stifter das Wort eines alten lateinischen Schriftstellers als Leitspruch mitgegeben:

MARTIN HEIDEGGER

„Dulce est, inter majorum versari habitacula,
et veterum dicta factaque recensere memoria. Egesippus
Es lautet in der Übersetzung:
„Liebreich ist es, unter den heimischen Dingen der Vorfahren zu verweilen und der Alten Worte und Werke zu erprüfen im Andenken."

[1] Gelesen am 26. Januar 1964 um 11.30 – 12 Uhr Radio Zürich in der Reihe „Wirkendes Wort"

MARTIN HEIDEGGER

Werkverzeichnis (Auswahl aus den Schriften)

Das Realitätsproblem in der modernen Philosophie. Fulda 1912
Die Lehre vom Urteil im Psychologismus. Leipzig 1914
Die Kategorien- und Bedeutungslehre des Duns Scotus. Tübingen 1916
Sein und Zeit. Halle 1927
Kant und das Problem der Metaphysik. Frankfurt 1929
Vom Wesen des Grundes. Halle 1929
Was ist Metaphysik? Bonn 1929
Erläuterungen zu Hölderlins Dichtung. Frankfurt am Main 1936
Hölderlin und das Wesen der Dichtung. München 1936
Holzwege. Frankfurt 1936
Nietzsche (Bd. 1, 2). Stuttgart 1936
In Wegmarken. Frankfurt 1943
Vom Wesen der Wahrheit. Frankfurt 1943
Über den Humanismus. Frankfurt 1946
Platons Lehre von der Wahrheit. Bern 1947
Die Frage nach der Technik. München 1949
Der Feldweg. Wien 1950
Was heißt Denken? Freiburg i.B. 1951
Aus der Erfahrung des Denkens. Pfullingen 1954
Vorträge und Aufsätze. Pfullingen 1954
Zur Seinsfrage. Frankfurt 1956
Hebel, der Hausfreund. Pfullingen 1957
Einführung in die Metaphysik. Tübingen 1958
Aufzeichnungen aus der Werkstatt. Zürich 1959
Gelassenheit. Pfullingen 1959
Unterwegs zur Sprache. Pfullingen 1959
Sprache und Heimat. München 1961
Die Kehre. Pfullingen 1962
Abraham a Sancta Clara. Meßkirch 1964
Der europäische Nihilismus. Frankfurt 1964

LUDWIG BINSWANGER
1881 – 1966

LUDWIG BINSWANGER

Werdegang

Ludwig Binzwanger, am 13. April 1881 in Kreuzlingen geboren, stammt aus einer berühmten Psychater-Dynastie in Thurgau. Nach dem Besuch der Seminarübungsschule, verbrachte er die Gymnasiumsjahre in Konstanz und Schaffhausen. Er studierte in Lausanne, Zürich, Heidelberg und doktorierte bei C. G. Jung. In der psychatrischen Universitätsklinik Burghölzli in Zürich verbrachte er seine Assistentenzeit. Im Jahr 1907 fuhr er mit C. G. Jung nach Wien zu Sigmund Freud. Mit Freud entstand eine herzliche Freundschaft mit wachsender Vertrautheit. Im gleichen Jahr begab sich Ludwig Binswanger nach Jena an die psychiatrische Klinik seines Onkels. Nach einer Bildungsreise nach Paris, England und Schottland, trat er als Mitarbeiter seines Vaters in die Heilanstalt Kreuzlingen ein. Im Jahre 1910 übernahm er nach dem Tode seines Vaters die Leitung der Heilanstalt Kreuzlingen. Während 47 Jahren war Ludwig Binswanger in der Heilanstalt tätig. Aus dieser praktischen Arbeit wuchs sein wissenschaftliches Werk, seine Auseinandersetzung zwischen Philosophie und Psychiatrie. Ludwig Binswanger wurde mit vielen wissenschaftlichen Ehrungen ausgezeichnet.

LUDWIG BINSWANGER

Ludwig Binswangers Weg zur Daseinsanalyse
Hans Geigenmüller

Eine Psychiater-Dynastie

Man spricht achtungsvoll von der berühmten Psychiater-Dynastie Binswanger, davon ab 1850 bis in die Gegenwart in unmittelbarer Generationsfolge fünf erfolgreiche Chefärzte im Thurgau. Bereits der Großvater, er gründete 1857 das Asyl Bellevue, als auch der Vater von Ludwig Binswanger erfaßten in ihrer Privatklinik die Notwendigkeit einer intensiven persönlichen Beziehung bei der Behandlung psychisch kranker Menschen. Ein wesentliches Merkmal des international guten Rufes ihres Sanatoriums. Die Gestaltung der Anstalt mit einer Fülle stilvoll gepflegter Gebäude, eingebettet in eine weiträumige Parklandschaft, gestattete ein günstiges therapeutisches Milieu. An die Tradition reformfreudiger ethischer Gesinnung konnte Ludwig Binswanger anknüpfen, als er 1910 nach dem frühen Tod seines Vaters 29jährig die Leitung der Familienklinik übernahm, bis er sie 1956 seinem Sohn Wolfgang anvertraute. Der Leitstern seiner ärztlichen Tätigkeit war die Vertiefung in die klinischen und psychologischen Besonderheiten und den daraus entstehenden Nöten des leidenden Patienten.

Freundschaft mit Sigmund Freud

Sigmund Freud erkannte in den achtziger Jahren des letzten Jahrhunderts, daß Neurosen Folge von inneren Konflikten sind, und gewann über seine psychoanalytische Praxis völlig neue Einsichten in die Tiefe des menschlichen Seelenlebens. Die meisten Autoritäten der damaligen Psychiatrie lehnten die bahnbrechenden Erkenntnisse Freuds in Bausch und Bogen rundweg ab. Griesingers Satz: „Geisteskrankheiten sind Gehirnkrankheiten" unterstützte das Festhalten am naturwissenschaftlichen Vorgehen im Sinne des Beschreibens, Erklärens, Einordnens, Etikettierens und Beherrschens. Einzig Eugen Bleuler, Ordinarius der psychiatrischen Universitätsklinik Burghölzli in Zürich – von ihm stammt u.a. der Begriff Schizophrenie – zeigte sich schon 1883 eifrig an Freuds Arbeit interessiert und unterstützte die Freudschen Prinzipien in seiner Klinik. Ludwig Binswanger war dort ab Juni 1906 Volontärarzt und Doktorand von C.G. Jung. Sie arbeiteten an einer Analyse des Zusammenhangs von Vorstellungen und Affekten. 1907 reisten Jung und Binswanger nach Wien, um ihre Ergebnisse mit Freud zu diskutieren.

Zwischen dem 25 Jahre älteren Freud und Ludwig Binswanger entstand sogleich eine herzliche Freundschaft mit wachsender Vertrautheit. Ihr Briefwechsel von 1908 bis 1938 zeigt eine fesselnde Diskussion unterschiedlicher wissenschaftlicher Auffassungen und ist gleichzeitig ein zärtliches menschliches Dokument gegenseitiger Anteilnahme. Freud bewunderte Binswangers Gelehrsamkeit, den Umfang seines geistigen Horizontes, seine Bescheidenheit und sein Taktgefühl.

Von der Psychoanalyse zur Daseinsanalyse

Ludwig Binswanger begeisterte sich für die Psychoanalyse und wandte sie in seiner Tätigkeit an: „...wenn man in seiner eigenen Psychoanalyse so oft Bestätigungen gefunden hat, die man vorher bezweifelt hat, wird man mit seinem Urteil vorsichtig." Auf Grund seiner psychopathologischen und psychiatrisch klinischen Kenntnissen, Folgerungen und Entscheidungen gab er sich jedoch mit den Begrenzungen, die die Psychoanalyse hat, nicht zufrieden. Die Rahmenbedingungen seiner fern von dem Universitätswissenschaftsbetrieb peripher gelegenen Klinik erlaubten ihm, im Kontext der jeweilgen Anwendung von konkret erforderlichen Erfahrungen und Fertigkeiten eigene Erkenntnisgewinnung. Die psychoanalytische Behandlungsmethode blieb ihm zwar ein unentbehrliches Werkzeug, doch distanzierte er sich von den theoretischen Schlußfolgerungen. Allerdings ist die von Freud geschaffene Grundhaltung des Verstehens beweglicher als Binswanger annahm, überdies wurde die sich sehr differenzierte und in verschiedenen Epochen sich unterscheidende Denkweise Freuds nicht genügend berücksichtigt.

In einer verschränkenden Arbeitsweise versuchte Binswanger Wissen von zweierlei Herkunft, psychoanalytisches und philosophisches, zu einer neuen Theorie zu verbinden. Theorie ist bei ihm nicht wie bei den Naturwissenschaften eine Konstruktion zum Zwecke der Erklärung eines Geschehens. Theorie wird für ihn ein aus dem Sinn und Gehalt von bestimmten Erlebnisweisen entnommener methodischer Leitfaden für das wissenschaftliche Verständnis dieser Erlebnisse. Er nennt seine Forschungsrichtung Daseinsanalyse, sie soll die Psychoanalyse nicht verdrängen, handelt es sich doch um zwei völlig verschiedene Denkweisen. Keine wissenschaftliche Disziplin ist über ein einziges Denkmodell zu erfassen. Das psychoanalytische Grundanliegen wurde sogar durch die Daseinsanalyse wesentlich gefördert und hat eine wichtige Nähe zur Wirklichkeit des Lebens hinzugewonnen.

Orientierung an Husserl und Heidegger

Auf der Suche nach einem besseren Verständnis für die Rätselhaftigkeit von Psychose und Neurose stieß er auf die Phänomenologie Edmund Husserls. Diese Lehre von den Erscheinungen dient der Bedeutungs- und Sinnforschung. Phänomen ist gleichzusetzen mit Sinn und Gehalt der Erlebnisweise der jeweiligen Person. Sinnverleihende und sinnerfüllte Akte und ihre Gegenstandsbereiche machen den Menschen zum Menschen. Die wahrgenommenen Phänomene bleiben sowohl Ausgangspunkt als auch Endpunkt der wissenschaftlichen Betrachtung. Hier trennt sich die Auffassung Binswangers prinzipiell von Freud, die Psychoanalyse erforscht tiefenpsychologisch hinter der „Fassade" das Unbewußte. Letztendlich erwies sich Husserls Denkrahmen für Binswanger als zu eng.

Den eigentlichen Durchbruch erfuhr er 1927 über Heideggers Arbeit „Sein und

Zeit". Das neue Denken über den Menschen und die Dinge revolutionierte damals die Philosophie. Unter Binswangers Führung vermochte die Heideggersche Philosophie der psychiatrischen Forschung ungeahnte Impulse zu geben. Da ist Heideggers Forderung zu nennen, den Weltentwurf aufzusuchen. Weltentwurf meint den Wert unseres Daseins als selbstgestaltetes Werden auf ein ganz bestimmtes Menschsein hin. Dasein ist Mitsein, die Begegnung, das Hier und Dort zusammen, macht das Da des menschlichen Daseins, unser alltägliches Leben, aus. Der Existenzialphilosoph Heidegger prägte den Begriff: „Daseinsanalytik". Zum Unterschied zur philosophischen Freilegung des Daseins geht es der Daseinsanalyse in der Psychiatrie lediglich um Aussagen über tatsächliche Feststellungen an faktisch vorkommenden Formen und Gestalten des individuellen menschlichen Daseins. Insofern ist die Erforschung des menschlichen Daseins und seiner Abwandlungen in den Neurosen und Geisteskrankheiten eine Erfahrungswissenschaft mit eigenem Exaktheitsideal. Auf die Patienten übertragen ist es ein Weltentwurf, der die Welt des In-der-Welt-Seins des Kranken ausmacht, nämlich seinen Umgang und Verkehr mit den anderen und mit sich selbst. Für den Daseinsanalytiker resultiert daraus eine aus der Erfahrung gewonnene, lediglich auf Sinn und Gehalt der in Frage kommenden Erlebnisweisen als solcher gerichtete wissenschaftliche Untersuchung, Erhellung, Verarbeitung und methodische Forschung. Das ist die Ausgangslage für seine Entscheidungen.

Heideggers Analyse der Befindlichkeit beeindruckte Binswanger tief. Beispielsweise wird mir die Bedrohlichkeit in meiner Welt nur dadurch zugänglich, daß ich imstande bin, Furcht zu empfinden. Die in mir entstehende Stimmung ist somit eine Weise des Offenseins, durch die die Welt mir auf verschiedene Weise zugänglich werden kann: als bedrohlich, erfreulich, angenehm, erregend usw. In dieser Befindlichkeit weiß ich jeweils immer schon um mich selbst Bescheid.

Aus dem Gesagten schließt Heidegger, daß der Mensch nicht erst über die Sinnesreize, durch Empfindungen von dieser Welt erfährt und von der Existenz anderer Menschen, sondern daß das Sein des Menschen als Dasein ein „In-der-Welt-Sein" ist und das ist, wie erwähnt, immer „Mitsein" mit anderen. In „Sein und Zeit" klärt Heidegger auch Grundbegriffe der Daseinsverfassung, insbeson-

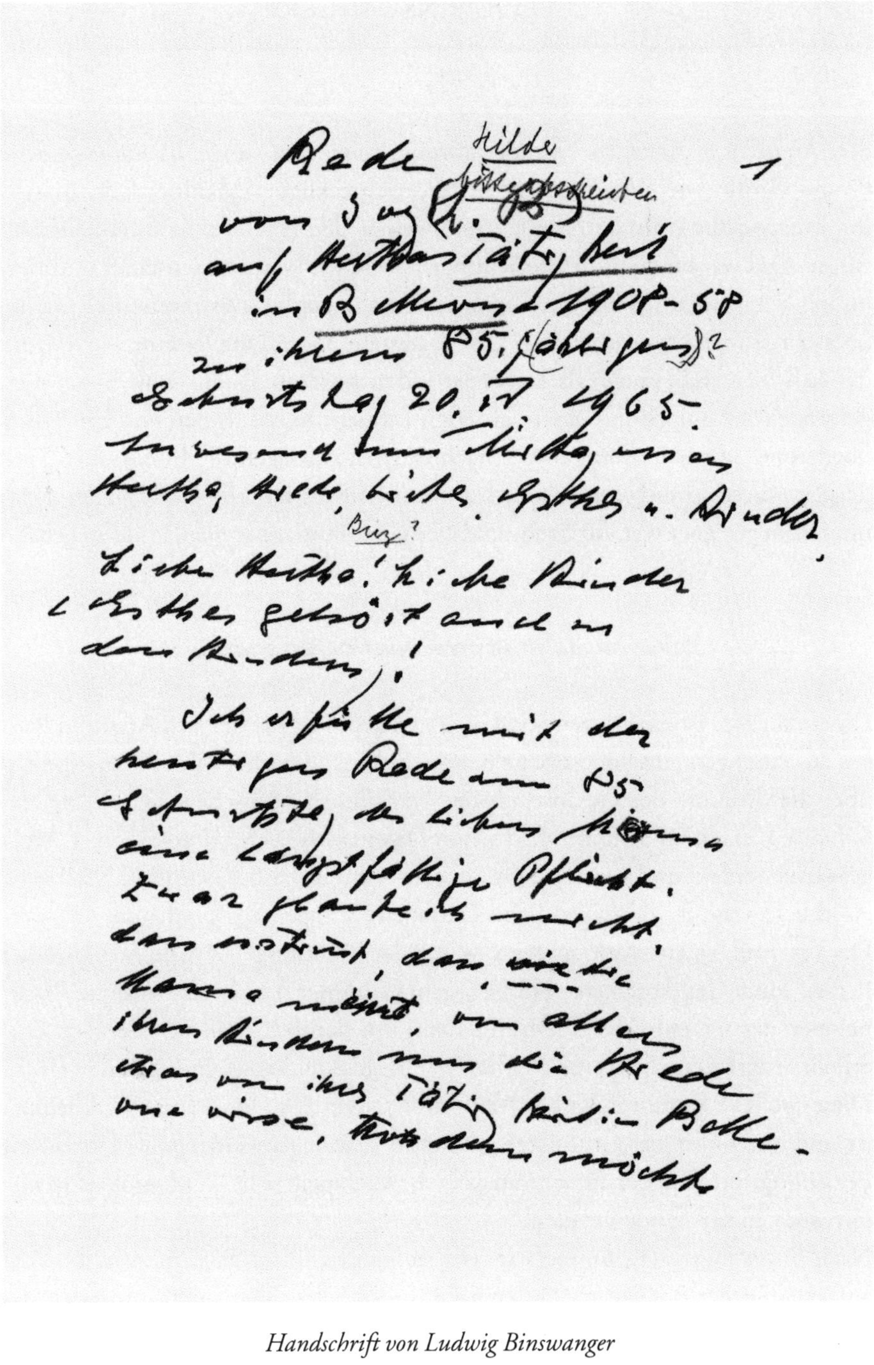

Rede Hilde 1
vom Sohn (L. B.)
auf Herthas Tätigkeit
im Bellevue 1908–58
zu ihrem 85. (achtzigsten)?
Geburtstag 20. IV. 1965.
Anwesend neben Hertha, war Hertha, Hilde, Lilly, Esther u. Kinder.
Buz?
Liebe Hertha! Liebe Kinder
(Esther gehört auch zu
den Kindern)!

Ich erfülle mit der
heutigen Rede zum 85.
Geburtstag der lieben Mama
eine langgefühlte Pflicht.
Zwar glaube ich nicht,
dass es stimmt, dass, wie die
Mama meint, von allen
ihren Kindern nur die Hilde
etwas von ihrer Tätigkeit im Bellevue wisse, trotzdem möchte

Handschrift von Ludwig Binswanger

dere Angst als existentielle Grunderfahrungsweise. Binswanger überarbeitete die Grundbegriffe wie: Verschrobenheit, das Schreckliche, Maniriertheit, Schuld und Verzweiflung als Grunderfahrungsweisen der Kranken in ihrem Dasein. Binswanger war bemüht, die Beziehungen zwischen Naturwissenschaft und Philosophie zu verdeutlichen, um Grenzverwechslungen und wechselseitige Grenzüberschreitungen zu vermeiden. „Es ist der alte Gegensatz Goethe – Newton, der sich hier nicht mehr als Entweder-Oder, sondern als ein Sowohl-als-auch gewandelt hat auf Grund einer vertieften Einsicht in das Wesen von Erfahrung überhaupt." Zwar mißverstand er nach eigenen Aussagen die Intentionen Heideggers, dieser sprach vom „konstruktiven Mißverständnis Binswangers", das immerhin geeignet war, für Sach- und Verstehenshorizonte neue Hilfe zu geben.

Daseinsanalyse in der klinischen Anwendung

Daseinsanalyse ist eine systematisch geübte Methode, bei der sich Arzt und Patient auf einer gemeinsamen Ebene befinden. Es ist die Ebene des Zwiegesprächs über die Struktur der Gesamtwelt des betroffenen Menschen, in welcher das Symptom zu einem Strukturglied seines Daseins wird. Der Kranke soll zu Wort gebracht werden, und zwar er selbst, es geht nicht um die Worte über ihn. Seine Ausdrucksweise ist der eigentliche Leitfaden. Sinngemäß spricht der Dichter-Denker Paul Valéry vom „eisigen Wind der Trennung" und nicht von einer heißen Höhe des Abschieds. Folglich geht es immer um das unbedingte Ernstnehmen der sprachlichen Äußerung, denn nur darüber kann sich der Arzt eine erhöhte Klarheit über das verschaffen, was es am Kranken wahrzunehmen gilt.
Diese spezielle Kommunikation Arzt und Kranker zeigt an, was in Wirklichkeit ist und was somit zur Grundlage ärztlichen Handelns werden soll. Über diese Beziehungsform ist der Daseinsanalyse die therapeutische Wirksamkeit gewissermaßen in den Schoß gefallen.
Nach Binswanger geht unsere Existenz stets in bestimmten Daseinsrichtungen auf, etwa in der des Steigens oder Fallens, des Schwebens oder Springens, des Weit- oder Engwerdens, des Voll- oder Leerwerdens, des Hell- oder Dunkel-,

LUDWIG BINSWANGER

Weich- oder Hart-, Warm- oder Kaltwerdens oder dann in der des Vonsichgebens, Ausstoßens, Abwehrens. Man erlebt die glückhaft aufsteigende Lebenswelle etwa im Steigen, dagegen die unglückliche absinkende im Fallen, mit zunehmender Verdeckung von Licht und Sicht.

Wenden wir uns dem eigentlichen Wesensverständnis der seelisch und geistig Kranken zu. Binswanger geht von der Notwendigkeit einer Schicksalsverbundenheit hinsichtlich des rein mitmenschlichen Verhältnisses im Sinne des echten Miteinander aus. Was nimmt der Arzt wahr, überlegt und tut er in der Begegnung mit einem schizophrenen Menschen. Dieser fühlt sich von allen Seiten wissend angeblickt, und seine Handlungsweisen werden von Stimmen kommentiert. Es handelt sich eindeutig nicht um Wahrnehmungsstörungen, alle Sinnesorgane sind intakt. Hingegen erlebt der Patient eine fundamentale Wandlung seines Mitseins im Sinne eines überwältigenden Andrangs der anderen. In ihm vollzieht sich eine Abwandlung der menschlichen Existenz ein Geschehen, das den letzten Beziehungspunkt in sich selbst hat. Der Arzt hat eben diese Abwandlung dieser Daseinsverfassung ins Auge zu fassen, diese Ordnung des Daseins dieses einzelnen bestimmten Menschen in seiner individuellen Eigenart. Das kann er nur, wenn er den medizinisch erlernten objektiven Beobachtungsstandpunkt aufgibt, um in ganz besonderer Offenheit am Dasein des anderen teilnehmen zu können. Im verstehenden Miterleben, Mitvollziehen erfährt er das Wesentliche vom Patienten. Über diesen Weg gelingt es ihm nunmehr, in erlernter systematisch kritischer Ausschätzung die „innere Lebensgeschichte" des Patienten in Erfahrung zu bringen. Und immer weist die Eigenwelt dieselbe Weltlichkeitsstruktur auf wie die Mit- und Umwelt. Ein Mensch wie jeder andere, eben ein menschliches Dasein, das alle Möglichkeiten des Menschseins durchschimmern läßt, die Unterscheidung sind nur die enormen Schranken, die der Realisation seines Daseins gesetzt sind. Ziel der Daseinsanalyse wird es immer sein, der Struktur des jeweiligen Daseins zu ihrer reichsten Entfaltung zu verhelfen. Binswanger lebte vorbildhaft eine ausgezeichnete „Begegnung" Arzt – Kranker mit höchster Reife ärztlichen Selbstverständnisses.

LUDWIG BINSWANGER

Vom anthropologischen Sinn der Verstiegenheit

verfaßt von Ludwig Binswanger

Als nicht nur Weite entwerfendes und in die Weite *schreitendes,* sondern auch Höhe entwerfendes und in die Höhe *steigendes* Sein ist das menschliche Dasein wesenhaft umwittert von der Möglichkeit des Sich-ver-Steigens. Wenn wir nach dem anthropologischen Sinn des Sich-versteigen-könnens, mit einem Wort der „Versteigenheit", fragen, so fragen wir also nach den Bedingungen der Möglichkeit des *Umschlagens* des Steigens in die Seinsweise der Verstiegenheit. Damit folgen wir ja nur dem sprachlichen Sinn der Zusammensetzungen mit der Präfix ver-, dessen Bedeutungen, wie die Etymologen uns belehren, in der Regel die des Veränderten, Verschlechterten, ja Entgegengesetzten sind. Da das anthropologische Fragen sich aber nie auf eine einzelne Seinsrichtung beschränken kann, sondern, eben als *anthropologisches,* immer die *ganze* Struktur des Menschseins im Auge behält, werden wir von Anfang an darauf gefaßt sein, daß die Bedingungen des Umschlagenkönnens des Steigens in das Sichversteigen – zumal das intransitive Steigen hier in ein auf den Steigenden rückbezügliches Tun umzuschlagen scheint – keineswegs aus der Bewegungsrichtung des Steigens allein, sondern nur aus deren Koinonia oder Gemeinschaft mit anderen Grundmöglichkeiten menschlichen Seins zu verstehen sein werden. In der Tat beruht Verstiegenheit, wie ich andernorts zu zeigen versucht habe, auf einem bestimmten Mißverhältnis von Steigen in die Höhe und Schreiten in die Weite. Bezeichnen wir deren „geglücktes" Verhältnis als die „anthropologische Proportion", so müssen wir Verstiegenheit bezeichnen als eine Form anthropologischer Disproportion, als ein „mißglücktes" Verhältnis von Höhe und Weite im anthropologischen Sinne. Nun geht aber das Menschsein nicht auf im *In-*der-Welt-sein und damit in der Räumlichung und Zeitigung von „Welt", vielmehr muß es überdies verstanden werden als Über-die-Welt-hinaus-sein im Sinne der Heimat und Ewigkeit der Liebe, in der es kein Oben und Unten, kein Nah und Fern, kein Früher und Später gibt. Wenn das Menschsein als endliches Sein trotzdem immer auf Höhe und Weite – um einen *Goetheschen* Ausdruck zu gebrauchen – „angewiesen" bleibt, kann es sich also nur da versteigen, wo es aus Heimat und Ewigkeit der Liebe ausgebrochen und in „Raum und Zeit" völlig aufgegangen ist. Denn nur wo die Communio der Liebe und die Communicatio der Freundschaft abgedankt und der bloße Umgang mit „den andern" und mit sich selbst die ausschließliche Führung unseres Seins übernommen haben, können Höhe und Tiefe, Nähe und Ferne, Gewesenheit und Zukünftigkeit, eine so ausschlaggebende Bedeutung erlangen, daß das Steigen an ein *Ende* und an ein *Jetzt* gelangen kann, von dem es kein Zurück und kein Vorwärts mehr gibt, das aber heißt, wo das Steigen umgeschlagen hat in Verstiegenheit. Ob es sich um eine verstiegene „Idee" eine Ideologie („Ideologien" sind wesensmäßig Verstiegenheiten), ein verstiegenes Ideal oder „Gefühl" einen verstiegenen Wunsch oder Plan, eine verstiegene Behauptung, Ansicht oder Einstellung, eine bloße „Marotte" oder eine verstiegene Tat oder Untat handelt, immer liegt die Bedingung für das, was wir mit dem Ausdruck „verstiegen" bezeichnen, darin, daß das Dasein sich „festgefahren" hat in einer *bestimmten* „Er-Fahrung" daß es, um ein Bild von *Hofmannsthal* zu gebrauchen, seine „Zelte nicht mehr abzubrechen" daß es nicht mehr „aufzubrechen" vermag. Der Communio und Communicatio beraubt kann das Dasein seinen „Erfahrungshorizont" jetzt nicht mehr erweitern, revidieren oder überprüfen und bleibt auf einem „borniertem", d. h. eng begrenzten Standpunkt *stehen*. Damit hat sich das Dasein zwar festgerannt oder ver-rannt, aber noch nicht verstiegen; denn zur Bedingung der Möglichkeit der Verstiegenheit gehört ferner, daß das Dasein *höher* steigt, als es seiner Weite, seinem Erfahrungs- und Verstehenshorizont entspricht, anders ausgedrückt, daß Weite und Höhe nicht in einem proportionalen Verhältnis zueinander stehen. Das klassische psychiatrisch-klinische Beispiel hierfür ist der *Bleulersche* Begriff des Verhältnisblödsinns als einem „Mißverhältnis zwischen Streben und Verstehen"; das klassische Beispiel aus der dramatischen Dichtung ist *Ibsens* Baumeister Solneß, der „höher baut, als er zu steigen vermag". Jedoch dürfen wir die

Disproportion zwischen Weite und Höhe keineswegs als Mißverhältnis zwischen bestimmten „Fähigkeiten" oder Eigenschaften, und erst recht nicht zwischen „Intelligenz und Geltungstrieb", auffassen, sondern müssen es, wie es hier geschieht, auf die anthropologischen Bedingungen seiner Möglichkeit hin untersuchen. Verstiegenheit fassen wir hier nicht auf als ein an einem bestimmten Menschen oder einer bestimmten Menschengruppe (Masse, Partei, Clique, Sekte usw.) feststellbares Mißverhältnis von Eigenschaften im Sinne eines ihnen anhaftenden „Merkmals", also weder als eine Charaktereigenschaft noch überhaupt als ein hier oder dort zu konstatierendes psychologisches, psychopathologisches oder soziologisches Vorkommnis oder „Symptom", sondern als eine „daseinsanalytisch" d.h. aus der gesamten Struktur des menschlichen Daseins verstehbare, kurz als eine *anthropologische* Seinsmöglichkeit. Erst wenn *diese* verstanden ist, vermögen wir zu einem eigentlichen Verständnis der so überaus reichen „Symptomatologie" der Verstiegenheit zu gelangen, werden wir z. B. dazu gelangen, einzusehen, daß und inwiefern sich der (nur fälschlich so genannte) „verstiegene Einfall" eines Manischen, die „verstiegene" („verschrobene", „bizarre") Geste, Redeweise oder Handlung eines Schizophrenen, die Phobie eines Neurotikers antropologisch voneinander unterscheiden, obwohl wir sie alle in der Psychopathologie oder im Leben mit dem einen Ausdruck „verstiegen" bezeichnen. Ja selbst der schizophrene *Wahn* läßt sich meines Erachtens nur von der *Seinsweise* der Verstiegenheit aus verstehen. Dasselbe gilt von den „Massenerscheinungen" der Verstiegenheit.
Doch kehren wir zurück zur Verstiegenheit als struktueller Verschiebung der anthropologischen Proportion. Entspricht der „Zug in die Weite", in der horizontalen Bedeutungsrichtung, mehr der „Diskursivität", dem Er-fahren, Durchwandern und Besitzergreifen von „Welt", der „Erweiterung des Gesichtskreises", der Erweiterung der Einsicht, Übersicht und Umsicht hinsichtlich des „Getriebes" der äußeren und inneren „Welt", so entspricht der Zug in die Höhe, das Steigen in der vertikalen Bedeutungsrichtung, mehr der Sehnsucht nach Überwindung der „Erdenschwere", nach *Erhebung* über den Druck und die „Angst des Irdischen", zugleich aber auch nach einer Gewinnung einer „höheren" Sicht, eines „höheren Gesichts auf die Dinge", wie Ibsen sagt, *von wo aus* der Mensch

das „Erfahrene" zu gestalten, zu bändigen mit einem Wort sich *anzueignen* vermag. Ein solches Sichaneignen von Welt im Sinne der Selbstwerdung oder Selbstrealisierung aber nennen wir *Sichentscheiden*. Entscheidung, ob für eine einzelne Handlung oder „fürs ganze Leben", setzt ein Steigen oder Sich-erheben *über* die jeweilige weltliche Situation, also *über* den Umkreis des Erfahrenen und Gesichteten, voraus. Was aber bedeutet dieses Über? Es bedeutet, wie schon Nietzsche in der Vorrede zu Menschliches – Allzumenschliches (Bd.1) so klar gesehen und so beredt beschrieben hat, nicht mehr das abenteuerliche „Weltumsegeln" im Sinne der Welterfahrung, sondern das mühe- und leidvolle Hinaufsteigen auf den „Sprossen der Leiter" des *Problems der Rangordnung*.
Im Steigen in die Höhe haben wir also nicht mehr das bloße Lernen, Sich-auskennen, Wissen im Sinne der *Erfahrung* vor uns, sondern das „stellungnehmende" Sich-entscheiden im Sinne der *Selbstverwirklichung* oder *Reifung*. Wir dürfen das Steigen aber trotzdem nicht verwechseln mit einem bloßen Wollen im Sinne der *psychologischen* Unterscheidung von Verstand, Gefühl und Wille, sondern müssen, wie es schon der Bleulersche Ausdruck „Streben" nahelegt, einsehen, daß im Steigen das *Emporgetragenwerden* (von den „Flügeln" der Stimmungen, Wünsche, Leidenschaften, von der „Einbildungskraft" oder Imagination) ohne Grenze übergeht in die „stellungnehmende Entscheidung". Trotzdem müssen wir anthropologisch durchaus unterscheiden zwischen dem stimmungsmäßigen *Sich-emportragenlassen* von Wünschen, Ideen, Idealen und dem mühevollen, angestrengten *Emporklimmen* auf den „Sprossen der Leiter", auf der sich diese Wünsche, Ideen, Ideale im Leben, in der Kunst, in Philosophie und Wissenschaft gegeneinander abwägen und in Wort und Tat umsetzen lassen.
Von hier aus fällt Licht auf diejenige Weise der Disproportion von Weite und Höhe, die der Möglichkeit des „manischen Einfalls" zugrunde liegt. Wir werden gleich sehen, daß diese Disproportion sich von derjenigen der Verstiegenheit so sehr unterscheidet, daß wir hier überhaupt nicht von einem „verstiegenen" Einfall reden dürfen, sondern besser von einem „ideenflüchtigen Einfall" sprechen, wie wir es in der Psychopathologie ja auch in der Regel tun. Die Disproportion von Höhe und Weite, die das ideenflüchtige In-der-Welt-sein kennzeichnet, ist eine völlig andere als die Disproportion im Sinne der Verstiegenheit. *Dort* liegt

die Disproportion darin, daß an Stelle des Schreitens in die Weite ein Springen und Überspringen „ins Endlose" tritt, der Horizont oder Gesichtskreis sich also „endlos erweitert" das Steigen in die Höhe aber ein bloßer „vol imaginaire", bleibt, ein Emporgetragenwerden auf den Flügeln bloßer Wünsche und „Einbildungen", so daß es *weder* zu einer *Übersicht* im Sinne der Erfahrung, *noch zu einer Vertiefung* in die Problematik der jeweiligen Situation (Erhöhung ist wesensmäßig zugleich Vertiefung, Altitudo wesensmäßig zugleich Höhe und Tiefe) und damit zu einer eigentlichen stellungnehmenden Entscheidung zu kommen vermag. Diese Disproportion zwischen Weite und Höhe beruht darauf, daß die so überaus *volatile* Welt der Manischen sich „unverhältnismäßig" erweitert im Hinblick auf die „Nivellierung" der *eigentlichen* d. h. nur *mühevoll ersteigbaren Höhe* (oder Tiefe) des Daseins im Sinne der Entscheidung und Reifung. Die Disproportion im Sinne der manischen Lebensform, daseinsanalytisch gesprochen der *Flüchtigkeit,* bedeutet daher gerade Unmöglichkeit des eigentlichen Fußfassens auf der „Leiter" der menschlichen Problematik und insofern *auch* Unmöglichkeit des eigentlichen Entscheidens, Handelns und Reifens. Losgelöst aus der liebenden Communio und eigentlichen Communicatio, allzu weit und allzu rasch *vorwärtsgetrieben* und allzu *hoch emporgetragen,* schwingt sich die manische Lebensform auf eine schwindelnde Höhe, in der kein Standpunkt zu gewinnen, keine „selbständige", Entscheidung möglich ist. In dieser *luftigen* Höhe haben Liebe und Freundschaft ihre Macht verloren und reduziert sich der Umgang oder Verkehr auf die Form psychiatrischer Fürsorge. Ganz anders die *Verstiegenheit* der *schizoiden* Psychopathen und der so unübersehbar mannigfaltigen Formen des *schizophrenen* In-der-Welt-seins. Hier beruht die anthropologische Disproportion nicht mehr auf einem unverhältnismäßigen Überwiegen der Weite (des „Springens") und der Höhe des bloßen „vol imaginaire" über die *(eigentliche)* Höhe der „Entscheidung", sondern auf einem unverhältnismäßigen Überwiegen der Höhe der Entscheidung über die Weite der „Erfahrung". Im Gegensatz zum Manischen versteigen sich der schizoide Psychopath und der Schizophrene (wir lassen hier wesentliche Unterschiede zwischen beiden außer Betracht) insofern, als sie sich gerade nicht in die „luftige Höhe" des Stimmungsoptimismus emportragen lassen, sondern einsam und

„ohne Rücksicht auf die Erfahrung" eine *bestimmte* Sprosse der „Leiter der menschlichen Problematik" *erklimmen* und auf derselben *stehen bleiben*. Die Höhe dieses Emporklimmens steht hier in keinem Verhältnis zur Enge und Unbeweglichkeit des Erfahrungshorizontes, dieses Wort immer im weitesten Sinne des Er-Fahrens, der an sich unabschließbaren „Diskursivität" schlechthin. Hier bedeutet Verstiegenheit gerade insofern mehr als bloße Verranntheit, als es sich nicht nur um eine Unmöglichkeit des Weiterschreitens im Sinne der Erfahrung handelt, sondern um ein Eingeklemmtsein oder Festgebanntsein auf einer *bestimmten* Höhenstufe oder Sprosse menschlicher Problematik. Die so überaus bewegliche „Höhenordnung" derselben wird hier in ihrem Wesen verkannt und auf ein bestimmtes „Problem", ein bestimmtes Ideal, eine bestimmte Ideologie festgelegt oder verabsolutiert. Soweit hier überhaupt noch „Erfahrungen" gemacht werden, werden sie nicht mehr als solche gewertet und verwertet; denn „der Wert" liegt hier ein für allemal fest. Verstiegenheit bedeutet daher *Verabsolutierung* einer einzelnen *Entscheidung*. Eine solche Verabsolutierung ist aber wiederum nur möglich, wo das Dasein sich „verzweifelt" aus Heimat und Ewigkeit der Liebe und Freundschaft verbannt hat, wo es also nichts mehr weiß oder ahnt von der „Relativität" alles Unten und Oben auf dem Hintergrund des fraglosen *Vertrauens* zum Sein, der *unproblematischen* Seinssicherheit, wo es überdies sich isoliert hat aus dem Umgang oder Verkehr mit den andern und der nur in ihm möglichen dauernden Förderung und Belehrung, und wo es sich zurückgezogen hat auf den bloßen Umgang oder Verkehr mit sich selbst, bis auch dieser sich „totläuft" im bloßen Hinstarren auf das zum Medusenhaupt, zum Wahn erstarrte Problem. Ideal oder „Nichts der Angst". Infolgedessen ist auch hier ein Zurückholen aus der verstiegenen Position nicht mehr anders möglich als durch „fremde Hilfe", durchaus gleich dem Zurückholen des Bergsteigers, der sich an einer Felswand verstiegen hat. Zum Unterschied hierzu läßt sich der Neurotiker aus der Verstiegenheit und dem Eingeklemmtsein seines Daseins, etwa in einer Phobie, wieder „zurückholen", zwar auch nur durch fremde Hilfe, aber doch noch im Sinne der Kollaboration und Kommunikation. Gerade deswegen aber zeigt vielleicht das Beispiel der neurotischen Verstiegenheit deutlicher als irgendein anderes, daß Verstiegenheit, gleichviel ob in der leiblichen oder seelischen

Form des Sichversteigens, immer auf einem Mangel an Einsicht, Übersicht und Umsicht auf dem Gebiet derjenigen Bewandtnisganzheit oder „Weltregion" bedeutet, *in* der das Dasein sich versteigt. Wie nur derjenige Bergsteiger sich versteigen kann, dem die Struktur der Felswand, auf der er emporsteigt, nicht übersichtlich ist, so versteigt sich nur derjenige Mensch seelisch und geistig, der keine Einsicht hat in die Struktur der „Rangordnung" der Seinsmöglichkeiten des menschlichen Daseins überhaupt und in Unkenntnis derselben immer höher und höher steigt. Verstiegenheit kann also nie von der Subjektivität allein aus verstanden werden, sondern nur im Verein der (transzendentalen) Subjektivität mit der (transzendentalen) Objektivität. Was wir Psychotherapie nennen, ist im Grunde nichts anderes als den Kranken dahin zu bringen, daß er zu sehen vermag, wie die Gesamtstruktur des menschlichen Daseins oder „In-der-Weltseins" beschaffen ist, und an welchem Punkt derselben er sich verstiegen hat. Das heißt: ihn zurückholen aus der Verstiegenheit „auf die Erde", von wo aus allein ein neuer *Aufbruch* und ein neuer *Aufstieg* möglich ist.

In diesen Ausführungen haben wir nur einige Richtlinien für das Verständnis des anthropologischen Sinnes der Verstiegenheit zu geben versucht. Um nicht zu ausführlich zu werden, haben wir uns vorwiegend auf deren spatiale oder räumliche Interpretation beschränkt, die temporale, im Grunde noch viel wichtigere Interpretation in den Hintergrund treten lassend. Selbstverständlich ist sie aber gerade in Ausdrücken wie Reifung, Entscheidung, Diskursivität, Springen, Überspringen, Emporgetragenwerden, „Steigen auf den Sprossen der Leiter", Festgefahrensein und schließlich in den Ausdrücken „anthropologische Proportion" und Disproportion stets mitgemeint. Bedeuten doch Höhe und Weite des Daseins letztlich wieder nur zwei verschiedene „räumliche" Schemata für die *eine* Zeitigungsrichtung des endlichen menschlichen Daseins, weswegen sie sich nur „in der Idee" trennen lassen.

Ludwig Binswanger

Dino Larese

Die Ehrfurcht, die ich für Ludwig Binswanger empfinde, und die Bewunderung, die ich ihm seit unserer ersten Begegnung entgegenbringe, gilt seiner umfassenden Menschlichkeit, die geprägt ist von einer männlichen Güte, einer Noblesse des Sichbescheidens, einem inneren Bedürfnis nach Gerechtigkeit und einer steten Bereitschaft zum Verständnis. Man könnte viele Fakten als Beweis für diese vielleicht im Augenblick pathetisch anmutende Aussage nennen, ich erinnere mich besonders an einige Begebenheiten oder Begegnungen, die mich zutiefst beeindruckten, weil sie das Wesentliche im Menschlichen dieses seltenen Mannes, soweit dies möglich ist, sichtbar machten. Es war im November 1951. An einem Abend sagte Ortega y Gasset: „Hier in der Nähe wohnt doch Binswanger, wir wollen ihn besuchen!" Wir fuhren nach Kreuzlingen. Ich entsinne mich nicht mehr genau des Inhaltes ihres Gesprächs, sie äußerten sich über einen Kongreß, den sie gemeinsam besucht hatten, über damalige Themen und Persönlichkeiten, aber während des oft einseitig geführten Dialogs nahm ich als stiller Zuhörer das Bild dieser beiden Männer in mein Gedächtnis auf: kerzengerade, wie eine gespannte Feder, saß Ortega im Lederfauteuil, oft sprang er auf, gestikulierte mit den Händen, um das richtige deutsche Wort mit Nachdruck zu sagen, während Ludwig Biswanger, etwas vorgeneigt, zurückhaltend, wie der Arzt auf Visite, auf die Worte des Spaniers hörte, von Zeit zu Zeit gelassen sich in den Monolog einfügend; es war nicht ein Unterordnen, was ihn zu dieser Zurückhaltung zwang, sondern das Lauschende seiner Art, da war nichts Eitles, keine Selbstbespiegelung, sondern ein wissendes, verstehendes Eingehen auf das fechtende Temperament seines lebhaften Gegenübers; mir schien, so abwegig der Vergleich auch anmuten könnte, als hörte ich eine zweistimmige Melodie, in

LUDWIG BINSWANGER

der Ortega die erste Stimme sang, glitzernd, leidenschaftlich bewegt, während die Stimme Binswangers die tragende, ruhige Begleitung bildete.

Das ist ein äußeres Ereignis. Ein innerer Wesenszug seiner Art enthüllte sich mir, als ich eine seiner ersten Arbeiten, nämlich den "Versuch einer Hysterieanalyse", las. Vom Mai bis zum September 1907 behandelte er in der psychiatrischen Klinik in Jena, die von seinem Onkel, Geheimrat Professor Dr. O. Binswanger, geleitet wurde, ein Mädchen, das unter schweren psychischen Traumata litt. Kaum je hat mich ein Buch so aufgewühlt wie diese tagebuchartige Aufzeichnung eines fast pionierhaften Vordringens in das Reich des Unbewußten, nicht zuerst von der psychoanalytischen Methode her, sondern weil sie die bedeutsame, geduldige, allem Pathos abholde, nüchtern-menschliche, sorgliche, helfen- und heilenwollende Bereitschaft des jungen Arztes zeigt, eine von Anfang an sein Leben und sein Werk bestimmende Liebesfähigkeit, den Menschen, wo das Böse dem Guten zugeordnet erscheint, als eine Ganzheit zu erkennen.

Aus dieser Liebesbereitschaft wächst das Verständnis, das ist Verstehen als Akt des Herzens und des Denkens; Verstehen, das Erschauen, sprechendes Schweigen und in seiner Entscheidung Dienst am Menschen bedeutet.

Immer, wenn ich Ludwig Binswagner besuchte, umfing mich diese ausgeglichene fast familiäre Atmosphäre des Verständnisses, man trat wie in eine „heile Welt", in der man sich geborgen fühlte, aufgenommen von einem blinzelnd-überlegenen, aber zuvorderst gütigen Vertrauen, besonders wenn er mich mit seinem Lächeln empfing, als wollte er bedächtig sagen: „Ja, ja, also wieder etwas? Was muß es diesmal sein?" Wenn ich dann ein Vorwort oder einen Aufsatz erbat, drohte er gleichsam mit dem erhobenen Finger, aber nie erhielt ich eine abschlägige Antwort. Aber am denkwürdigsten und nachhaltigsten bleibt mir doch der spätsommerliche regnerisch-kühle Nachmittag in der Erinnerung, als er mir von den vielen kleinen und großen Begebenheiten aus seinem Leben erzählte, von denen ich einige hier wie ein Vermächtnis aufgezeichnet habe. Er saß mir am Tisch gegenüber, etwas vornübergebeugt, aber nicht niedergedrückt von der Last der Jahre, wie ein alter weiser Magier mit dem dichten weißgrauen Haar, erfahren und lebensklug, als wüßte er um das letzte Geheimnis, aber es war das Magische des Menschlichen, das aus seinem offenen Antlitz mit den gütig forschenden Augen strahlte, über die oft ein Schatten fuhr, wenn der Wind draußen das Laub vor das Fenster zerrte, und es war das Wort „Liebe", das er zuerst aussprach, von der Liebe, die man in ein liebloses Dasein bringen müsse.

Wenn ich vom Familiären sprach, es ist der Raum der Ahnen und der Söhne und Töchter, den Binswanger mit dieser Liebe durchdringt; er sagt, daß er das Leben seines Großvaters und seines Vaters lebe, er entdeckte sich selber, als er sich in die Krankengeschichten seines Großvaters vertiefte; er berichtet: „Daß der Enkel beim Großvater schon den Weg vorgezeichnet findet, zu dem er durch eigenes Studium gelangt ist – es sei erinnert an die Betonung des lebensgeschichtlichen, individuellen, zeitlichen, räumlichen und, wie wir heute sagen, existentiellen Moments überhaupt –, all das läßt ihn das Geheimnis des ‚Blutes' ahnen, das mit dem Leben des ‚Geistes' so unentwirrbar verwoben ist". „Er setzt aber auch das Leben seiner verstorbenen Söhne fort, er arbeitet in ihrem Gedenken an seinem Werk; ein Glied in der Kette des Geschlechts, das aus dem Bayerischen in die Schweiz gekommen ist. Sein Großvater Ludwig, der bis 1857 in Münsterlingen wirkte, gründete die Anstalt „Bellevue" in Kreuzlingen, es ist die Epoche des „Asyls", wie sie Ludwig Binswanger nennt, sein Vater Robert gestaltete die „Kuranstalt", und Ludwig Binswanger wird die „klinische Epoche" von Kreuzlingen verwirklichen.

Er kam am 13. April 1881 in Kreuzlingen zur Welt, in Brunegg erhielt er von seinem vierten Lebensjahr an Privatstunden, dann kam er in die Seminarübungsschule zu Lehrer Seiler und er trat dann ins Konstanzer Gymnasium ein, zehn Jahre vor Martin Heidegger; die letzten Gymnasialjahre verbrachte er an der Kantonsschule in Schaffhausen; es war eine hervorragende Schule, die ihm die geistigen, im besonderen die naturwissenschatlichen Grundlagen seiner Bildung gab. Er studierte drei Semester in Lausanne, vier Semester in Zürich, anschließend zwei Semester in Heidelberg, wo ihn die Professoren Erb und Bönhöffer besonders beeindruckten, hernach wieder fünf Semester in Zürich und er doktorierte dann bei Professor C.G. Jung. Er wohnte damals in einer Pension an der Plattenstraße, wo er mit seinem Freund Hans von Wies öfters musizierte, er erinnert sich auch an eine Radfahrt mit C.G. Jung an den Greifensee, unvergesslich ist ihm aber seine Assistenzzeit im Burghölzli, wo er in der geliebten Gestalt seines Lehrers Bleuler ein begeisterndes Vorbild traf, dessen „Ethos, sich zeigend in Güte, Aufrichtigkeit und Gewissenhaftigkeit und in der unbeugsamen Geradheit der Richtlinien des Handelns", Binswangers geistigem Suchen entsprach.

Das Jahr 1907 brachte die andere entscheidende Begegnung, als er mit C. G. Jung nach Wien fuhr, um Sigmund Freud zu besuchen. Aus dieser Begegnung wuchs eine wissenschaftlich und vor allem menschlich begründete Freundschaft, über die Ludwig Binswanger wiederholt Zeugnis ablegte; er besuchte ihn später wieder in Wien, Freud war bei ihm in Kreuzlingen zu Gast, die Treue zum Menschen Freud bewahrte Binswanger wie ein Kleinod.

Am 7. Mai 1936 sprach er an der Feier in Wien zu Freuds achtzigstem Geburtstag, der andere Redner war Thomas Mann, und was Thomas Mann damals über die Bedeutung der Psychoanalyse als Wissenschaft des Unbewußten und ihren Wert als Heilmethode sagte, trifft auch für die zukünftige Arbeit Binswangers zu: „... aber alles in allem ist der Gedanke nicht unsinnig, daß die Auflösung der großen Angst und des großen Hasses, ihre Überwindung durch Herstellung eines ironisch-künstlerischen und dabei nicht notwendigerweise unfrommen Verhältnisses zum Unbewußten einst als der menschliche Heileffekt dieser Wissenschaft angesprochen werden könnte. Die analytische Einsicht ist weltverändernd ... Bescheidenheit aus Bescheid wissen – nehmen wir an, daß das die Grundstimmung der heiter-ernüchterten Friedenswelt sein wird, die mit herbeizuführen die Wissenschaft vom Unbewußten berufen sein mag."

Im gleichen Jahre 1907 fuhr Binswanger nach Jena, wo er in der psychiatrischen Klinik seines Onkels tätig war; dort lernte er Hertha Buchenberger, seine zukünftige Frau, kennen, sie war als Tochter des badischen Finanzministers aus den engen Vorurteilen ihrer Zeit ausgebrochen und hatte den damals in den obern Kreisen verachteten und verpönten Schwesternberuf ergriffen. Es war eine glückhafte Wahl, die Binswanger getroffen hatte, eine kultivierte sprühend-lebendige, edle und noble Frau trat in seine Welt, die ihn zutiefst versteht, in selbstloser Weise den Kranken dient und ihn als treueste, verstehende Weggefährtin auf seiner oft nicht leichten Wanderschaft begleitet. Eine Bildungsreise führte ihn noch nach Paris, England und Schottland, dann trat er als Mitarbeiter seines Vaters in die Heilanstalt in Kreuzlingen ein und übernahm schon im Jahre 1910, nach dem frühen Tod seines Vaters, die medizinische Leitung. Mit warmen Worten zeichnet er das Lebensbild seines verehrten Vaters: „Meinem jugendlichen Selbstvertrauen hielt er den Mangel desjenigen Gutes entgegen, welches er in seiner Laufbahn mit Recht als das größte des Arztes kennengelernt hatte: der Erfahrung." Der Leiter einer Klinik, sagt Binswanger, habe in erster Linie die Rolle des Arztes zu erfüllen. Dieser „Dienst des Geistes am Leben kann nicht durch Reflexion erworben oder gelernt, er muß erfühlt, erlebt und gelebt werden, und die Art, wie der Arzt Mensch zu Mensch, Helfer zu Notleidenden, Führer zu Zögling, sachlicher Verkünder einer historisch gewordenen wissenschaftlichen Lehre und kundiger Ausübung einer durch objektive Regeln bestimmten ärztlichen Kunst ist, all das entscheidet darüber, ob er wirklich Arzt und was für eine ‚ärztliche Persönlichkeit' er ist." Während siebenundvierzig Jahren hat nun Ludwig Binswanger diesen Dienst des Geistes am Leben in der Kreuzlinger Anstalt mit der brennenden, sagen wir auch, schöpferischen Hingabe des großen Arztes geleistet. Aus dieser Arbeit wuchs sein wissenschaftliches Werk, das seinen Namen mit der Aura des Philosophen umgab.

Ich bin nicht zuständig, das wissenschaftliche Werk Binswangers zu deuten, seine Auseinandersetzung zwischen Philosophie und Psychiatrie und Psychotherapie, seine „Daseinsanalyse als empirisch-anthropologische Disziplin", seinen geistigen Weg über Bleuler, Jung und Freud, über Natorp und Cassirer, über Jaspers und Scheler zur Phänomenologie Husserls und zur Daseinsanalyse Martin Heideggers darzustellen, das würde auch den Rahmen dieser kleinen Lebensskizze sprengen, aber als ich ihn bat, mir den Sinn und die Entwicklung seiner geistigen Arbeit zu erklären, gab er mir die folgenden Sätze:

„Die Stellung zu diesem Problem läßt sich am besten einem Satz aus dem Vorwort zu meiner ‚Einführung in die Probleme der Allgemeinen Psychologie' vom Jahre 1922 entnehmen, der lautet: ‚Die vorliegende Schrift entspringt dem Bestreben, Klarheit zu gewinnen über die begrifflichen Grundlagen davon, was der Psychiater in psychologischer und psychopathologischer Hinsicht am Krankenbett wahrnimmt, überlegt und tut.'

LUDWIG BINSWANGER

In diesem Satz sind schon im Jahre 1922 mit aller Klarheit die beiden Wurzeln meiner wissenschaftlichen und philosophischen Tätigkeit ausgesprochen, nämlich strengste Basierung auf Erfahrung einerseits, strengste Stützung der Erfahrung selbst auf ihre philosophischen und methodologischen Grundlagen anderseits.

In der damaligen Schrift, an der ich zehn Jahre lang gearbeitet hatte, sollten ausschließlich die Grundlagen der psychologischen Erfahrung herausgearbeitet werden. Die Erfahrung als solche kommt begreiflicherweise niemals zu einem Abschluß. Daß die strenge Durchführung der für jede Wissenschaft maßgeblichen Sachlage – eben die konsequente Trennung von Philosophie und Wissenschaft – notwendigerweise zum Anschluß an die Phänomenologie Husserls führen mußte, muß jedem mit der damaligen historischen Sachlage vertrauten Forscher klar sein."

Und er las mir noch eine wesentliche Stelle, die ich für ihn bezeichnend fand und sie hier deshalb nicht missen möchte: „Das Werk kann für den leitenden Arzt nicht mehr die Welt bedeuten, es muß eingegliedert werden in den Dienst an der größeren Welt der Psychiatrie überhaupt; diese wiederum wird so weit als möglich angefaßt, zugleich aber auch auf ihre Fundamente, Grenzen und Methoden hin näher untersucht. So treten praktische Werkwelt und wissenschaftliche Welt miteinander in engste Berührung, um sich immer mehr zu durchdringen. Der geistige Mittelpunkt, um den beide Welten sich drehen, sind weder die Seele noch der Leib noch beide zusammen, sondern ‚der Mensch' und die Problematik, die sich um sein praktisches und wissenschaftliches Verständnis, seine Führung, Erziehung, Belehrung und Heilung auftürmt."

Er betrachtet sein Werk nicht als etwa Abgeschlossenes, Vollendetes, alles ist immer im Werden begriffen. Jetzt im Alter kann er sich ihm freilich mit Muße widmen, da sein Sohn Wolfgang seit dem Jahre 1956 die Klinik leitet; damals mußte es den wenigen Ferienwochen in Braunwald, auf dem vorarlbergischen Bödele, auf Schloß Wolfsberg und den kargen Wochenendstunden abgerungen werden; denn der ganze Tag gehörte den Kranken. Morgens um acht Uhr, so erzählt mir Ludwig Binswanger, begann die ärztliche Konferenz, von neun Uhr bis mittags dauerten die ärztlichen Visiten; der Mittagstisch vereinigte die Ärzte,

Oben links: Martin Heidegger nach seiner Festansprache
Unten: Dino Larese gratuliert Ludwig Binswanger

ihre Frauen und die Patienten, um drei Uhr nachmittags folgte die psychotherapeutische Tätigkeit, abends nach sieben Uhr versammelten sich die Ärzte und Patienten zum gemeinsamen Nachtessen, hernach saß man noch mit ihnen beisammen und konnte sich dann anschließend der wissenschaftlichen Lektüre widmen. Am Freitagnachmittag zog er sich dann auf Brunegg zurück, um sich gründlich auszuruhen von diesem strengen „Für-die-anderen-da-Sein"; der Samstag und der Sonntag gestatteten die eigene wissenschaftliche Arbeit. Die Familie mußte bei diesem Dienst zu kurz kommen, aber schon sein Großvater hatte die Devise eingeführt; Zuerst kommen die Kranken, dann kommt ihr!

Es wurde dunkel, ich hörte den Regen auf die Blätter niederrauschen, drüben, im anderen Raum, klirrten leise die Teetassen, er berichtete mir von seiner Arbeit für das „Schweizer Archiv für Psychiatrie", von seiner Mitgründung der Zeitschrift „Der Nervenarzt"; dann vereinigte uns der abendliche Teetisch mit seiner Frau, die sich oft mit einem humorigen Wort ins Gespräch mischte; er erzählte von seiner Reise nach Spanien im Jahre 1923, als er in der königlichen medizinischen Akademie einen Vortrag in spanischer Sprache über „Die Absatzanalyse" hielt, er erwähnte die vielen Kongresse, die er besucht hatte, die Begegnungen und Freundschaften mit Theodor Haering und Eduard Spranger in Tübingen, mit Hans Ruffin, Martin Heidegger und Edmund Husserl in Freiburg, mit Walter Schulz und Wolfgang Schadewaldt in Tübingen, mit Erwin Straus in Lexington in Kentucky, mit Wilhelm Szilasi, Rudolf Alexander Schröder und Paul Häberlin, dessen Briefwechsel er soeben der Häberlin-Gesellschaft geschenkt hatte, mit Emil Staiger und Roland Kuhn; die weltweite Bedeutung seines Werkes, ins Englische und Japanische übersetzt, wurde mir bewußt, und ich ahnte die Größe seines Beitrages zur psychiatrischen Forschung unserer Zeit. Ich notierte mir mit dem geheimen Stolz des Heimatverbundenen die Ehrungen, die auch ihm zuteil geworden sind: Ehrendoktorate von Basel 1941 und von Freiburg im Breisgau 1959, Ehrensenator der Schweizerischen Akademie der medizinischen Wissenschaften Basel 1961, Präsident der Schweizerischen Gesellschaft für Psychiatrie 1926 bis 1929, korrespondierende Mitglied der Real Academia de Medicina de Madrid und weiterer Akademien in Deutschland, Österreich, Frankreich, Verleihung der Kraepelin-Medaille 1957, Kurator der Stiftung „Lucerna".

Mit einem verstehend-verzeihenden Lächeln betrachtete er mein Tun und entließ mich dann in die Nacht hinaus, noch eine Weile unter der Türe meinen Schritten nachhorchend. Die Außenlampe erlosch, ich schritt durch die gepflegten Wege des Parks, die Bäume standen schwarz im Dunkel der Regennacht. Als ich zurückblickte, sah ich das stille einsame Licht in seinem Studierzimmer, das nicht grell, hart, sondern abgeschirmt-mild und tröstlich leuchtete, das Licht, das die Dunkelheit des Parkes und symbolhaft das Dunkel der Seele etwas erhellte.

LUDWIG BINSWANGER

Werkverzeichnis, (Auswahl)

Über das Verhalten des psychogalvanischen Phänomens beim Assoziationsexperiment. Diagnostische Assoziationsstudien. Inauguraldisseration. 1907
Einführung in die Probleme der allgemeinen Psychologie. Berlin 1922.
Wandlungen in der Auffassung und Deutung des Traums. Berlin 1928.
Zur Geschichte der Heilanstalt Bellevue. Kreuzlingen 1857 – 1932.
Über Ideenflucht. Zürich 1933.
Freuds Auffassung des Menschen im Lichte der Anthropologie. Erweiterter Festvortrag gehalten zur Feier des 80. Geburtstags von Sigmund Freud im Akad. Verein für medizin. Psychologie. Wien 1936.
Grundformen und Erkenntnis menschlichen Daseins. Zürich 1942.
Ausgewählte Aufsätze und Vorträge, Bd. 1: Zur phänomenologischen Anthropologie, Bern 1947.
Die Bedeutung der Daseinsanalytik Martin Heideggers für das Selbstverständnis der Psychiatrie. Sonderdruck aus dem Band: Martin Heideggers Einfluß auf die Wissenschaften, Bern 1949.
Über Martin Heidegger und die Psychiatrie. Festschrift zur Feier des 350jährigen Bestehens des Heinrich-Suso-Gymnasiums zu Konstanz (1954).
Ausgewählte Vorträge und Aufsätze, Bd. II: Zur Problematik der psychiatrischen Forschung und zum Problem der Psychiatrie. Bern 1955.
Drei Formen mißglückten Daseins: Verstiegenheit, Verschrobenheit, Manieriertheit. Tübingen 1956.
Erinnerungen an Sigmund Freud. Bern 1956.
Melancholie und Manie. Phänomenologische Studien. Pfullingen 1960.
Geleitwort zu Hans Häfners „Psychopathien". Monographien aus dem Gesamtgebiet der Neurologie und Psychiatrie. Berlin 1961
Der Musische Mensch. Vorwort zu "Musische Erziehung", Amriswil 1962.
Wahn. Beiträge zu seiner phänomenologischen und daseinsanalytischen Erforschung. Pfullingen 1965.
Die meisten Arbeiten von Ludwig Binswanger sind Vorträge und kurze Beiträge in Fachzeitschriften.

CARL GUSTAV JUNG

1875 – 1961

CARL GUSTAV JUNG

Werdegang

Im thurgauischen Kesswil am Bodensee kam am 26. Juli 1875 Carl Gustav Jung im evangelischen Pfarrhaus, wo eine Gedenktafel an diese große, bedeutende Gestalt erinnert, zur Welt. Bereits als sechsmonatiger Säugling siedelt er mit seinen Eltern nach Laufen in der Nähe des Rheinfalls über. Auch später lebt und arbeitet er außerhalb der Bodenseeregion. Sein Leben, sein Wirken erfüllt sich in anderen landschaftlichen Räumen der Schweiz. Die Familie Jung kommt aus Mainz. Sein Großvater, 1864 gestorben, zog im Alter von 28 Jahren in die Schweiz, er begann seine wissenschaftliche Tätigkeit an der Universität Basel. Jungs Mutter wuchs in Basel auf. Ihr Vater Samuel Preiswerk hatte einen guten Ruf als Theologe. Neun Jahre nach C. G. Jung kam seine Schwester zur Welt. Im Jahre 1879 übersiedelte die Familie Jung nach Kleinhüningen. In Basel besuchte C. G. Jung das Gymnasium. Von 1895 an studierte Jung an der Universität Basel Medizin. Nach Abschluß der Studien versieht er im Jahre 1900 eine Assistentenstelle in der psychiatrischen Klinik Burghölzli bei Professor Eugen Bleuler. Im Jahre 1907 erscheint sein Werk; „Über die Psychologie der Dementia praecox", das ihn auch im Ausland bekannt macht. Seine Entwicklung als Wissenschaftler ist bekannt, der Schwerpunkt seiner Arbeit lag mehr in der Psychologie als in der Philosophie, weshalb hier auf eine eingehende Würdigung verzichtet wird. C. G. Jung stirbt nach einem erfüllten Leben am 6. Juni 1961 in Küsnacht.

CARL GUSTAV JUNG

C. G. Jung oder die Durchgeistigung der Seele
Karl Kerényi

Psychologische, medizinische, philosophische, theologische Zeitschriften – und man könnte auch noch andere, allgemeinere und speziellere, hinzufügen – werden wohl bemüht sein, das vielseitige Lebenswerk von C.G. Jung dem achtzigjährigen Meister und unvergleichlichen Beherrscher des Reiches der Seele von ihren sehr verschiedenen Gesichtspunkten aus zu würdigen. Das Ehrendoktordiplom – man weiß nicht wievieltes, das ihm die Eidgenössische Technische Hochschule eben ausstellt, enthält eine schöne und klare Fassung seiner bereits klassisch gewordenen Leistungen: „dem Wiederentdecker der Ganzheit und Polarität der menschlichen Psyche und ihrer Einheitstendenz, dem Diagnostiker der Krisenerscheinungen des Menschen im Zeitalter des Wissenschaften und der Technik, dem Interpreten der Ursymbolik und des Individuationsprozesses der Menschheit, wurde laut dieses Dokumentes die Würde eines Doktors der Naturwissenschaften ehrenhalber erteilt.

Nicht als ob das erschöpfend wäre, es ist nur eine klassische Zusammenfassung des, wie gesagt, bereits Klassischen, des nach außen hin fest Dastehenden und weithin Leuchtenden. Man beachte aber auch darin die unvermeidliche Dynamik gewisser Ausdrücke, wie „Tendenz" und „Prozeß". *Psyches peirata iôn uk an exeuroio ...hutô bathyn logon echei* – so wußte schon Heraklit –: „die Grenzen der Seele wirst du kaum ausfindig machen, so tief ist ihr Logos", der Logos, der Grund der Verständlichkeit, dem Geist nachgeht, indem er sich für ihn immer mehr öffnet. „Weit kannst du gehen mit dem Geiste" – meint dieser große Philosoph der Griechen – „und die Grenzen der Seele kannst du dennoch nicht erreichen!" Je mehr das Lebenswerk eines großen Seelenforschers seinem Gegenstand gemäß ist – und gerade das trifft im höchsten Grad auf das Jungsche Werk zu, um so mehr hat es das Grenzenlose im Sinn des Heraklitwortes als Prinzip, als vom Anfang an Treibendes, in sich.

Diese Beschaffenheit des Reichs der Seele, daß seine Grenzen sich in einer Weite verborgen halten, die keine räumliche Verborgenheit bedeutet, sondern eine Verborgenheit für unsere bis heute gemachten Erfahrung, legt den Vergleich der Psychologie mit der geographischen oder geologischen Empirie, der Entdeckung unbekannter Länder und Schichten nah. Die wissenschaftliche Theorie gibt hier höchstens die festen Punkte der Orientierung an. Solche Punkte helfen der Empirie – der Erfahrung – und werden durch die Empirie gefestigt. Der Psychologe muß sogar Empiriker sein im ursprünglichen Sinne des griechischen Wortes *empeiria,* das „Sich-darin-Versuchen" bedeutet. Das bringt freilich eine Exklusivität in der Erfahrung und in die Diskussionsmöglichkeit über die Erfahrung mit sich, den Ausschluß des Unerfahrenen. Eine Folge dieses unvermeidlichen Zustandes ist wiederum eine rein äußerliche Diskussion, die an sich unfruchtbar bleiben muß und nur mittelbar, durch ihr Vorhandensein, die Wichtigkeit der Erfahrung steigert.

C.G. Jung gab sich immer in erster Linie als Empiriker, und als Empiriker ermöglichte er die Orientierung auf einem ungeheuren Gebiet, das seit jeher da war und dennoch entdeckt werden mußte, entdeckt eben dadurch, daß die Orientierung auf ihn möglich gemacht wurde. Die Welt der Phantasie, der Träume, der visionären Erlebnisse war immer schon da - und war dennoch, im strengen Sinne des Wortes unentdeckt, weil nicht in den Zustand des Offenbaren, in die Helle des Geistes gehoben und auf solche Weise durchleuchtet, durchgeistigt. Im gleichen Sinne war auch die Welt der Natur unentdeckt, ehe die Griechen darin die Physis – lateinisch die *natura* – entdeckt haben. Dies, die griechische Durchgeistigung der Natur, ihre Durchleuchtung auf ihren Logos, den Grund der Verständlichkeit hin, bildete die Voraussetzung der heutigen Naturwissenschaften. Bei den Indern, wo die Natur nie durchgeistigt wurde, wo sie überhaupt nicht entdeckt war, kam es auch nie zu einer Naturwissenschaft. Statt der Natur blieb da eine Außenwelt, unleugbar, aber in ihrer Bedeutung auch leugbar, ebenso, wie die Innenwelt mit ihren unkontrollierbaren Ereignissen unleugbar, aber in ihrer Bedeutung auch leugbar war, solange sie unentdeckt, d.h.

C. G. Jung (links) mit Häberlin während eines Seminars im März 1909.

Kurt Guggenheim schreibt am 17. Juli 1974 in seinen Tagebuchblättern:
„*Eigentümliche Parallelen zwischen Jung und Häberlin: beide aus der gleichen Generation, beide in Kesswil geboren. Söhne mittlerer Intellektueller, Pfarrer und Lehrer, beide durch eine reiche Heirat unabhängig, beide ein wenig grob, ehrgeizig, herrisch, rechthaberisch, nicht unbedingt die Wahrheit sagend, Häberlins Jägerlatein, materialistisch im Grunde; Verbindung beider durch Ludwig Binswanger. Nicht den Pfarrern verdankt die reformierte Schweiz am meisten, sondern den Pfarrerssöhnen.*"

undurchgeistigt dalag. Ihre Entdeckung und ihre Durchgeistigung sind identisch, sind zwei Wörter für eine Sache, und bilden die Voraussetzung zu jener modernen Psychologie, die heute das Entdeckungsstadium ihrer Existenz erlebt. Als Entdecker und Bewirker dieser Durchgeistigung darf niemand anderer als C.G. Jung gelten. Was vor ihm Sigmund Freud, der schon die Grundzüge der Methode und gewisse Orientierungspunkte auf dem gleichen Gebiete zum Teil *fand,* zum Teil mit der Suggestion seiner stilistischen Begabung *schuf,* wahrhaben wollte, war nur, daß man allmählich auf spontane Weise über eine eben oder früher vergangene Phase seiner Lebensgeschichte, sie ergänzend, korrigierend, weitergestaltend, nachdenkt. Solches Nachdenken heißt Träumen. Nach Freud geschieht es in Chiffren mit ziemlich eindeutigem Inhalt und ohne geistige Bedeutung. Daß solches Nachdenken nicht nur bereits Erlebtes zum Objekt haben kann, sondern daß sich Träumen, als Nachdenken in selbstgespielten Dramen für sich selbst entfalten, den Träumenden zu neuen, noch nicht erlebten Erkenntnissen zu bringen vermag – und daß es daher auch für Nicht-Neurotiker wichtig sein kann –: dessen ist Jung früh bewußt geworden, und dies befähigte ihn, die Grenzen des europäischen Geisteslebens selbst aufzulockern und es in der Richtung eines im Traum sich darbietenden, durchgeistigen Seelenlebens zu erweitern.

Im Träumen wurde eine Art Geistesleben entdeckt: Geistesleben, weil es zu Erkenntnissen führte, die sich manchmal in den Träumen selbst hell darboten, und entdeckt dadurch, daß diese, von einer bis dahin in solcher Richtung noch nicht zustandegebrachten Offenheit aus, einer geistigen Durchleuchtung zugänglich gemacht wurden. Bei dem in Träumen vor sich gehenden Prozeß der Selbsterkenntnis und Selbsterweiterung bot sich als Analogie das Erlebnis eines Initiationsweges an, und die allgemeine Ähnlichkeit, ja die Gleichheit in vielen Zügen mit überlieferten Mythologien, die den Träumenden oft völlig unbekannt waren, erlangte eine neue Bedeutung. Dem Empiriker konnte es nicht verwehrt werden, daß er neue, noch schlafwarme Erlebnisse mit Uraltem, Träume, welche archaische Züge offen trugen, und Phänomene eines archaischen Geisteslebens, von dem die mythologischen Überlieferungen der Völker zeugen, miteinander vergleicht. Ahnungen der Romantiker wurden in den Bereich des

CARL GUSTAV JUNG

wissenschaftlichen Erwägens gerückt. Für diese fand – ehe Jung auf dem Wege der Forschung zur Annahme eines „kollektiven Unbewußten" gelangte – eine große romantische Seele die überbrückende, Romantik und Tiefenpsychologie verbindende Ausdrucksweise: In einem Gespräch, 1891 von Kontantinos Christomanos aufgezeichnet, sagte bereits die Kaiserin Elisabeth, Königin von Ungarn: „Die Seele der Völker ist das gemeinsam Unbewußte in jedem Einzelnen." Der Einzelne konnte nun mit dem Bewußtsein einer Erweiterung beschenkt werden, die die Grenzen des Persönlichen durchbrechen durfte, in der Richtung der gemeinsamen Vergangenheit des Menschengeschlechts. Warum sollte die Möglichkeit einer seelischen Erbschaft ausgeschlossen werden, während doch die einer körperlichen Erbschaft feststand?

„Die Grenzen der Seele wirst du kaum ausfindig machen", so dürfen wir den alten Heraklit wieder zitieren, dessen Satz sich plötzlich auch auf diese Weise bewahrheitet hat. Wir müssen freilich auch an einen anderen Satz von ihm denken: „Nur die Wachenden haben eine gemeinsame Welt, die Schlafenden wenden sich dem Eigenen zu." Im Ereignis der Teilnahme selbst – an jenem „gemeinsam Unbewußten" – ist man vereinsamt, allein im eigenen Traum. Der Träumende fällt auf den Boden der ersten und letzten Einsamkeit eines jeden Menschen zurück, wie im Geborenwerden und im Tod. Und die Bewußtwerdung, das Aufleuchten des geistigen Inhaltes seines Traumes betrifft wiederum nur ihn allein. Je echter dieses geistige Ereignis ist, um so weniger ist es mitteilbar. Aber eben auf das nicht Mitteilbare, das nicht desto weniger *ist* und *wirkt*, sollten diese wenigen Zeilen einer sehr einseitigen Würdigung hinweisen: auf unschätzbare Verdienste des großen Psychologen im intimsten Seelenleben unzähliger Einzelner, Verdienste, welche kein Diplom in Worte fassen, keine öffentliche Feier warm genug ausdrücken kann.

Prof. Dr. K. Kerényi, geb. 19.Januar 1897, Altertumsforscher und Religionshistoriker, Verfasser u.a. von folgenden Werken: Appollon, Studien über antike Religion und Humanität; Die antike Religion; Die Töchter der Sonne; Hermes der Seelenführer; Die Geburt der Helena samt humanistischen Schriften aus 1943 – 1945; Prometheus; Niobe, neue Studien über antike Religion und Humanität; Die Mythologie der Griechen; Unwillkürliche Kunstreisen, Fahrten im alten Europa; C. G. Jung: Einführung in das Wesen der Mythologie.

CARL GUSTAV JUNG

Der Dichter

verfaßt von Carl Gustav Jung

Das Geheimnis des Schöpferischen ist, wie das der Freiheit des Willens, ein transzendentes Problem, welches die Psychologie nicht beantworten, sondern nur beschreiben kann. Gleicherweise ist auch der schöpferische Mensch ein Rätsel, dessen Lösung man zwar auf vielerlei Weise, aber immer vergebens versuchen wird. Immerhin hat sich die moderne Psychologie hin und wieder mit dem Problem des Künstlers und seiner Kunst beschäftigt. *Freud* glaubte einen Schlüssel gefunden zu haben, um das Kunstwerk von der persönlichen Erlebnissphäre des Künstlers her aufzuschließen. (Vergl. *Freud* über *Wilhelm Jensens* „Gradiva" und „Lionardo da Vinci".) Hier taten sich nämlich bestehende Möglichkeiten auf; denn sollte es nicht möglich sein, ein Kunstwerk ebenso aus „Komplexen" abzuleiten, wie z.B. eine Neurose? Es war ja die große Entdeckung *Freuds,* daß Neurosen eine ganz bestimmte seelische Ätiologie besitzen, d.h. von emotionalen Ursachen und frühen Kindheitserlebnissen wirklicher oder phantastischer Natur herrühren. Einige seiner Schüler, besonders *Rank* und *Stekel,* haben mit einer ähnlichen Fragestellung gearbeitet und ähnliche Resultate erzielt. Es ist nicht zu leugnen, daß des Dichters persönliche Psychologie sich gegebenenfalls bis in die Wurzeln und bis in die äußersten Zweige seines Werkes hinaus verfolgen läßt. Diese Ansicht, daß das Persönliche des Dichters die Wahl und die Gestaltung seines Stoffes in vielen Hinsichten beeinflußt, ist an sich nichts Neues. Wie weit diese Beeinflussung reicht, und in welch' eigentümlichen analogischen Beziehungen sie erfolgt, das aufgezeigt zu haben, ist sicherlich ein Verdienst der *Freudschen* Schule.
Neurose ist für *Freud* eine Ersatzbefriedigung. Also etwas Uneigentliches, ein Irrtum, ein Vorwand, eine Entschuldigung, ein Nichtsehenwollen, kurz, etwas

wesentlich Negatives, das besser nicht wäre. Man wagt es kaum, für die Neurose ein gutes Wort einzulegen, denn sie ist anscheinend nichts als eine sinnlose und darum ärgerliche Störung. Das Kunstwerk, das sich anscheinend wie eine Neurose analysieren und auf die persönlichen Verdrängungen des Dichters zurückführen läßt, gerät damit in die bedenkliche Nachbarschaft der Neurose, wo es sich aber insofern in guter Gesellschaft befindet, als die *Freudsche* Methode die Religion, Philosophie u. a. ebenfalls in ähnlicher Weise betrachtet. Bleibt es bei der bloßen Betrachtungsweise und wird offen zugegeben, daß es sich dabei um nichts anderes handelt, als um die Herausschälung persönlicher Bedingtheiten, die selbstverständlich nirgends fehlen, so kann man billigerweise nichts dagegen einwenden. Sollte aber die Anspruch erhoben werden, daß mit dieser Analyse auch das Wesen des Kunstwerkes selber erklärt sei, so muß dieser Anspruch kategorisch zurückgewiesen werden. Das Wesen des Kunstwerkes besteht nämlich nicht darin, daß es mit persönlichen Besonderheiten behaftet ist – je mehr es dies ist, desto weniger handelt es sich um Kunst –, sondern daß es sich weit über das Persönliche erhebt und aus dem Geist und dem Herzen und für den Geist und das Herz der Menschheit spricht. Das Persönliche ist eine Beschränkung, ja sogar ein Laster der Kunst. „Kunst", die nur oder vorwiegend persönlich ist, verdient es, als Neurose behandelt zu werden. Wenn von der *Freudschen* Schule die Meinung vertreten wird, daß jeder Künstler eine infantil-autoerotisch beschränkte Persönlichkeit besitze, so mag dieses Urteil für diesen als Person gelten, es ist aber ungültig für den Schöpfer in ihm. Denn dieser ist weder auto- noch hetero- noch überhaupt erotisch, sondern in höchstem Maße sachlich, unpersönlich, ja sogar un- oder übermenschlich, denn als Künstler ist er sein Werk und kein Mensch. Jeder schöpferische Mensch ist eine Dualität oder eine Synthese paradoxer Eigenschaften. *Einerseits ist er menschlich-persönlich, andererseits aber unpersönlicher, menschlicher Prozeß.* Als Mensch kann er gesund oder krankhaft sein; seine persönliche Psychologie kann und soll darum persönlich erklärt werden. Als Künstler dagegen ist er nur aus seiner schöpferischen Tat zu verstehen. Es wäre z.B. ein grober Mißgriff, die Manier eines englischen Gentleman oder eines preußischen Offiziers oder eines Kardinals auf persönliche Ätiologie zurückführen zu wollen. Der Gentleman, der Offizier und der hohe Geist-

liche sind objektive, unpersönliche Officia, mit einer ihnen innewohnenden, sachlichen Psychologie. Obschon der Künstler das Gegenteil ist von offiziell, so besteht doch eine geheime Analogie, insofern als eine spezifisch künstlerische Psychologie eine kollektive und keine persönliche Angelegenheit ist. Denn die Kunst ist ihm eingeboren wie ein Trieb, der ihn erfaßt und zum Instrument macht. Das in letzter Linie in ihm Wollende ist nicht er, der persönliche Mensch, sondern das Kunstwerk. Als Person mag er Launen und Willen und eigene Zwecke haben, als Künstler dagegen ist er in höherem Sinne „Mensch", er ist *Kollektivmensch*, ein Träger und Gestalter der unbewußt tätigen Seele der Menschheit. Das ist sein Officium, dessen Last oft dermaßen überwiegt, daß ihm menschliches Glück und alles, was dem gewöhnlichen Menschen das Leben lebenswert macht, schicksalsmäßig zum Opfer fällt. *C.G. Carus* sagt: „Es ist hierdurch auch besonders, wodurch sich das bekundet, was wir den Genius nannten, denn auf merkwürdige Weise zeichnet sich eben ein solcher höher begabter Geist dadurch aus, daß bei aller Freiheit und Klarheit seines Sichdarlebens er von dem Unbewußten, dem mysteriösen Gott in ihm, überall gedrängt und bestimmt wird, daß Anschauungen sich in ihm ergeben – er weiß nicht woher; daß zum Wirken und Schaffen es ihn drängt – er weiß nicht wohin; und daß ein Drang des Werdens und Entwickelns ihn beherrscht – er weiß nicht wozu."
Es ist unter diesen Umständen keineswegs verwunderlich, daß es gerade der Künstler – als Ganzes gesehen – ist, der einer kritisch analysierenden Psychologie besonders reichen Stoff liefert. Sein Leben ist notwendigerweise voll von Konflikten, indem zwei Mächte in ihm sich bekämpfen: der gewöhnliche Mensch mit seinen berechtigten Ansprüchen auf Glück, Zufriedenheit und Lebenssicherheit einerseits und die rücksichtslose, schöpferische Leidenschaft andererseits, welche gegebenenfalls alle persönlichen Wünsche in den Staub tritt. Daher rührt es, daß das persönliche Lebensschicksal so vieler Künstler so überaus unbefriedigend, ja tragisch ist, nicht etwa aus dunkler Fügung, sondern aus Minderwertigkeit oder ungenügender Anpassungsfähigkeit ihrer menschlichen Persönlichkeit. Es gibt selten einen schöpferischen Menschen, der den göttlichen Funken des großen Könnens nicht teuer bezahlen muß. Es ist, wie

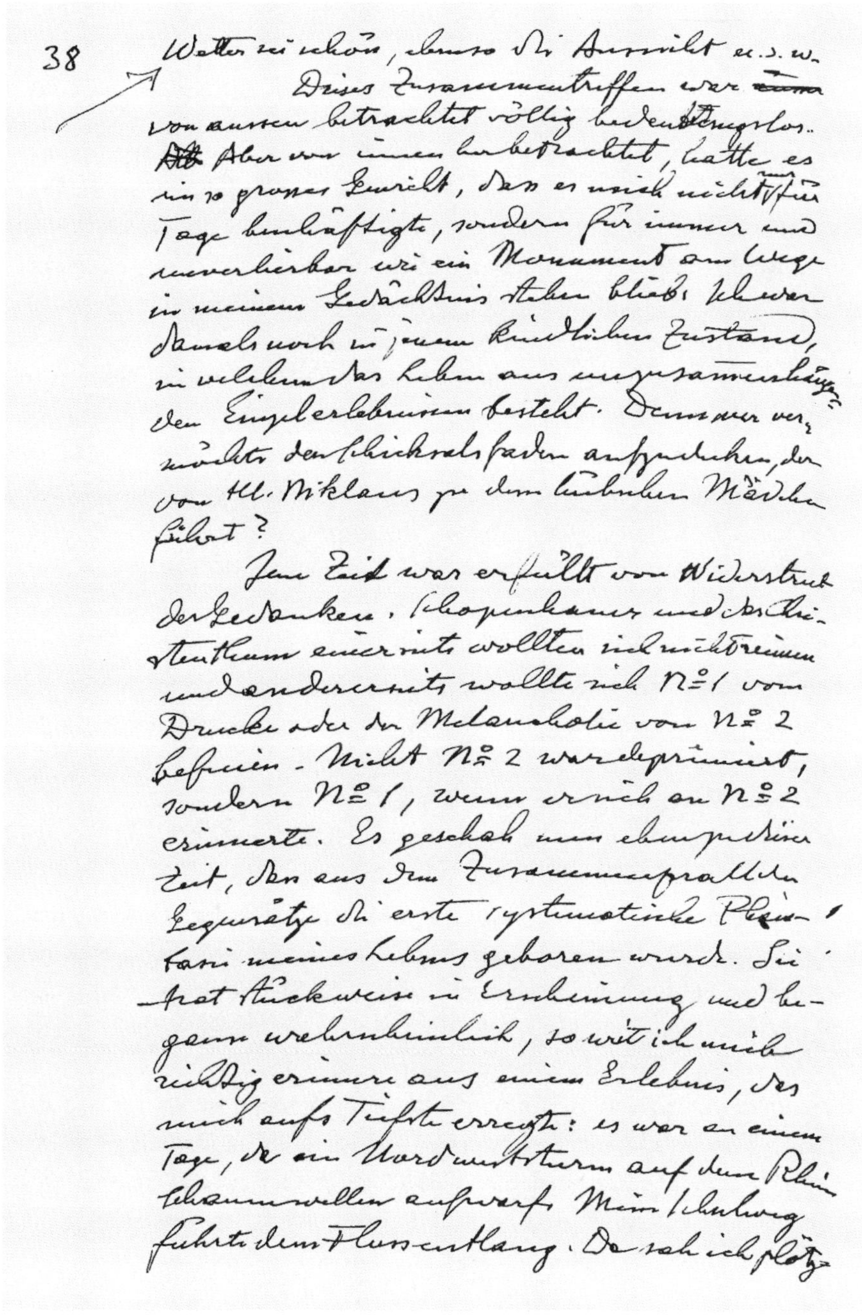

38 Wetter sei schön, ebenso die Aussicht u.s.w.

Dieses Zusammentreffen war ~~einem~~ von aussen betrachtet völlig bedeutungslos. ~~Als~~ Aber von innen her betrachtet, hatte es ein so grosses Gewicht, dass es mich nicht nur für Tage beschäftigte, sondern für immer und unverlierbar wie ein Monument am Wege in meinem Gedächtnis stehen blieb. Ich war damals noch in jenem kindlichen Zustand, in welchem das Leben aus unzusammenhängenden Einzelerlebnissen besteht. Denn wer vermöchte den Schicksalsfaden aufzudecken, der vom Hl. Niklaus zu dem hübschen Mädchen führt?

Jene Zeit war erfüllt vom Widerstreit der Gedanken. Schopenhauer und das Christentum einerseits wollten sich nicht reimen, und andererseits wollte sich No 1 vom Drucke oder der Melancholie von No 2 befreien. Nicht No 2 war deprimiert, sondern No 1, wenn er sich an No 2 erinnerte. Es geschah nun eben zu jener Zeit, dass aus dem Zusammenprall der Gegensätze die erste systematische Phantasie meines Lebens geboren wurde. Sie trat stückweise in Erscheinung und begann wahrscheinlich, so weit ich mich richtig erinnere aus einem Erlebnis, das mich aufs Tiefste erregte: es war an einem Tage, da ein Nordweststurm auf dem Rhein Schaumwellen aufwarf. Mein Schulweg führte dem Fluss entlang. Da sah ich plötz-

Handschrift von C. G. Jung

wenn jeder mit einem gewissen beschränkten Kapital an Lebensenergie geboren würde. Das Stärkste in ihm, eben sein Schöpferisches, wird das meiste an Energie an sich reißen, wenn er wirklich ein Künstler ist, und für den Rest bleibt dann zu wenig übrig, als daß noch irgend ein besonderer Wert sich daraus entwickeln könnte. Im Gegenteil wird das Menschliche zugunsten des Schöpferischen oft dermaßen entblutet, daß es nur noch auf einem primitiven oder sonstwie erniedrigten Niveau leben kann. Dies äußert sich oft als Kindlichkeit und Unbedenklichkeit, oder als rücksichtsloser, naiver Egoismus (sog. „Autoerotismus"), als Eitelkeit und andere Fehler. Diese Minderwertigkeiten sind insofern sinnvoll, als dem Ich einzig auf diese Weise genügend Lebenskraft zugeführt werden kann. Es bedarf dieser niederen Lebensformen, weil es sonst an völliger Beraubung zugrunde ginge. Der persönliche Autoerotismus gewisser Künstler kann demjenigen illegitimer oder sonstwie vernachlässigter Kinder, die sich schon frühzeitig durch schlechte Eigenschaften gegen die zerstörende Wirkung einer liebeleeren Umgebung schützen mußten, verglichen werden. Solche Kinder nämlich werden leicht zu rücksichtslos selbstischen Naturen, entweder passiv dadurch, daß sie zeitlebens infantil und hilflos bleiben oder aktiv dadurch, daß sie gegen Moral und Gesetz verstoßen.

Es ist wohl einleuchtend, daß der Künstler aus seiner Kunst erklärt werden muß und nicht aus den Unzulänglichkeiten seiner Natur und aus seinen persönlichen Konflikten, welche bloß bedauerliche Folgeerscheinungen der Tatsache darstellen, daß er ein Künstler ist. d.h. ein Mensch, dem eine größere Last als dem gewöhnlichen Sterblichen aufgebürdet wurde. Das Mehrkönnen verlangt auch einen größeren Energieaufwand, weshalb das Mehr auf der einen Seite nur von einem Weniger auf der anderen Seite begleitet sein kann.

Ob es nun der Dichter weiß, daß sein Werk in ihm gezeugt ist, wächst und reift, oder ob er sich einbildet, daß er aus eigener Absicht eigene Erfindung gestalte, ändert nichts an der Tatsache, daß in Wirklichkeit sein Werk aus ihm wächst. Es verhält sich wie ein Kind zur Mutter. Die Psychologie des Schöpferischen ist eigentlich weibliche Psychologie, denn das schöpferische Werk wächst aus unbewußten Tiefen empor, recht eigentlich aus dem Reiche der Mütter. Überwiegt das Schöpferische, so überwiegt das Unbewußte als leben- und schicksalgestaltende Kraft gegenüber dem bewußten Willen, und das Bewußtsein wird von der Gewalt eines unterirdischen Stromes mitgerissen, ein oft hilfloser Zuschauer der Geschehnisse. Das wachsende Werk ist des Dichters Schicksal und bestimmt seine Psychologie. Nicht *Goethe* macht den „Faust", sondern die seelische Komponente „Faust" macht *Goethe.* Und was ist „Faust"? „Faust" ist ein *Symbol,* nicht ein bloßer semiotischer Hinweis auf oder eine Allegorie für ein längst Bekanntes, sondern der Ausdruck eines urlebendig Wirkenden in der deutschen Seele, dem *Goethe* zur Geburt verhelfen mußte. Ist es denkbar, daß ein Nichtdeutscher einen „Faust" oder „Also sprach Zarathustra" geschrieben hätte? Beide spielen wohl auf dasselbe an, auf etwas, das in der deutschen Seele vibriert, ein „urtümliches Bild", wie *Jakob Burckhard* einmal sagte, die Figur eines Arztes und Lehrers einerseits und des düsteren Zauberers anderseits; der Archetypus eines Teils des Weisen, Hilfreichen und Erlösenden, anderenteils des Magiers, Blenders, Verführers und Teufels. Dieses Bild ist dem Unbewußten seit Urzeiten eingegraben, wo es schläft, bis die Gunst oder Ungunst der Zeit es weckt, nämlich dann, wenn ein großer Irrtum das Volk vom richtigen Wege ablenkt. Denn wo Abwege sich auftun, bedarf es des Führers und Lehrmeisters und sogar des Arztes. Der verführende Irrweg ist das Gift, das zugleich Heilmittel sein könnte, und der Schatten des Erlösers ist ein teuflischer Zerstörer. Diese Gegenkraft wirkt sich zunächst am mythischen Arzte selber aus: der wundenheilende Arzt ist selber der Träger einer Wunde, wofür Chiron das klassische Beispiel ist. Im christlichen Bereich ist es die Seitenwunde Christi, des großen Arztes. Faust aber ist – charakteristischerweise – unverwundet, vom moralischen Problem unberührt: man kann beides, hochgemut und teuflisch sein, wenn man seine Persönlichkeit zu spalten vermag, und nur dann ist man imstande, sich „sechstausend Fuß jenseits von Gut und Böse" zu fühlen. Für die Entschädigung, die dem Mephisto damals anscheinend entging, wurde hundert Jahre später eine blutige Rechnung präsentiert. Aber wer glaubt noch im Ernste, daß der Dichter die Wahrheit aller ausspricht? In welchem Rahmen müßte man dann das Kunstwerk betrachten?

Der Archetypus ist an sich weder gut noch böse. Er ist ein moralisch indifferentes Numen, welches erst durch den Zusammenstoß mit dem Bewußten zu dem einen oder dem anderen, oder zu einer gegensätzlichen Zweiheit wird. Diese Entscheidung zum Guten oder zum Bösen wird wissentlich oder unwissentlich von der menschlichen Einstellung herbeigeführt. Es gibt viele solcher Urbilder, die aber alle solange nicht in den Träumen der einzelnen und nicht in den Werken der Kunst erscheinen, als sie nicht durch die Abweichung des Bewußtseins vom mittleren Weg erregt werden. Verirrt sich aber das Bewußtsein in eine einseitige und darum falsche Einstellung, so werden diese „Instinkte" belebt und senden ihre Bilder in die Träume der einzelnen und die Gesichte der Künstler und Seher, um damit das seelische Gleichgewicht wieder herzustellen. So erfüllt sich das seelische Bedürfnis des Volkes im Werke des Dichters, und darum bedeutet das Werk dem Dichter in Tat und Wahrheit mehr als sein persönliches Schicksal, ob er sich dessen nun bewußt sei oder nicht. Er ist in tiefstem Sinne Instrument und deshalb unterhalb seines Werkes, weshalb wir von ihm auch niemals eine Deutung seines eigenen Werkes erwarten dürfen. Er hat sein Höchstes geleistet mit der Gestaltung. Die Deutung muß er anderen und der Zukunft überlassen. Das große Werk ist wie ein Traum, der trotz aller Offenkundigkeit sich selbst nicht deutet und auch niemals eindeutig ist. Kein Traum sagt: „Du sollst" oder „das ist die Wahrheit"; er stellt ein Bild hin, wie die Natur eine Pflanze wachsen läßt, und es ist uns überlassen, daraus Schlüsse zu ziehen. Wenn einer einen Angsttraum hat, so hat er entweder zu viel Angst oder zu wenig, und wenn einer von einem weisen Lehrer träumt, so ist er entweder zu lehrhaft oder bedarf des Lehrers. Und beides ist subtil dasselbe, wessen einer nur dann inne wird, wenn er das Kunstwerk annähernd so auf sich wirken läßt, wie es auf den Dichter wirkte. Um seinen Sinn zu verstehen, muß man sich von ihm gestalten lassen, wie es den Dichter gestaltet hat. Und dann verstehen wir auch, was sein Urerlebnis war: er hat jene heilsame und erlösende seelische Tiefe berührt, wo noch kein einzelner zur Einsamkeit des Bewußtseins sich abgesondert hat, um einen leidensvollen Irrweg einzuschlagen; wo noch alle in der leidensvollen Schwingung begriffen sind, und darum Empfinden und Handlung des einzelnen noch in alle Menschheit hinausreicht.

Das Wiedereintauchen in den Urzustand der „participation mystique" ist das Geheimnis des Kunstschaffens und der Kunstrichtung, denn auf dieser Stufe des

CARL GUSTAV JUNG

Erlebens erlebt nicht mehr der Einzelne, sondern das Volk, und es handelt sich dort nicht mehr um das Wohl und Wehe des Einzelnen, sondern um das Leben des Volkes. Darum ist das große Kunstwerk sachlich und unpersönlich und berührt uns doch aufs tiefste. Darum ist das Persönliche des Dichters bloß Vorteil oder Hemmnis, aber nie wesentlich für seine Kunst. Seine persönliche Biographie kann die eines Philisters, eines braven Mannes, eines Neurotikers, eines Narren oder eines Verbrechers sein, interessant und unvermeidlich, aber hinsichtlich des Dichters unwesentlich.

Als Anlaß des 80. Geburtstages von C. G. Jung erschien der vorhergehende Artikel in der „Bodensee Zeitschrift" Amriswil. Dank dem freundlichen Entgegenkommen von Prof. C. G. Jung konnte damals der Abschnitt „Der Dichter" aus dem Aufsatz „Psychologie und Dichtung" abgedruckt werden. Der Aufsatz ist im Bande „Gestaltungen des Unbewußten", Rascher-Verlag, Zürich 1950, erschienen.

Gedenkplatte am Geburtshaus im thurgauischen Kesswil

CARL GUSTAV JUNG

Werkverzeichnis, (Auswahl)

Zur Psychologie und Pathologie sogenannter okkulter Phänomene. Leipzig 1902.
Eine psychiatrische Studie. Leipzig 1902.
Über hysterisches Verlesen. Leipzig 1904.
Diagnostische Assoziationsstudien. Leipzig 1910.
  I. Band:
  1. Experimentelle Untersuchungen über die Assoziation Gesunder. 2. Analyse der Assoziationen eines Epileptikers. 3. Über das Verhalten der Reaktionszeit beim Assoziationsexperiment. 4. Psychoanalyse und Assoziationsexperiment.
  II. Band:
  1. Assoziation, Traum und hysterisches Symptom. 2. Über die Reproduktionsstörung beim Assoziationsexperiment.
Die Bedeutung des Vaters für das Schicksal des Einzelnen. Zürich 1909.
Zur Kritik über die Psychoanalyse. 1910 Bd. II.
Psychotherapeutische Zeitfragen. Ein Briefwechsel zwischen C. G. Jung und R. Loy. Wien/Leipzig 1914.
Die Psychologie der unbewußten Prozesse. Schriften zur angewandten Seelenkunde. Zürich 1917.
Psychologische Typen. Zürich 1924.
Das Unbewußte im normalen und kranken Seelenleben. Zürich 1926.
Die Beziehungen zwischen dem Ich und dem Unbewußten. Zürich 1928.
Über die Energetik der Seele. Zürich 1928.
Psychologische Abhandlungen, Bd. II. Zürich 1928.
  1. Über die Energetik der Seele. 2. Allgemeine Gesichtspunkte zur Psychologie des Traumes. 3. Instinkt und Unbewußtes. 4. Die Psychologischen Grundlagen des Geisterglaubens.
Seelenprobleme der Gegenwart. Psychologische Abhandlungen. Zürich 1931.
  1. Probleme der modernen Psychotherapie. 2. Über die Beziehungen der analytischen Psychologie zum dichterischen Kunstwerk. 3. Der Gegensatz

Freud und Jung. 4. Ziele der Psychotherapie. 5. Psychologische Typologie.
6. Die Struktur der Seele. 7. Seele und Erde. 8. Der archaische Mensch.
9. Die Lebenswende. 10. Die Ehe als psychologische Beziehung. 11. Analytische Psychologie und Weltanschauung. 12. Komplex und Mythos.
13. Geist und Leben. 14. Das Seelenproblem des modernen Menschen.

Die verschiedenen Aspekte der Wiedergeburt. Zürich 1940.

Psychologie und Religion. Zürich 1940.

Paracelsica. Zürich 1942.

   1. Paracelsus als Arzt. 2. Paracelsus als geistige Erscheinung.

C. G. Jung und K. Kerényi: Einführung in das Wesen der Mythologie.
   Zürich 1941.

Wirklichkeit der Seele. Psychologische Abhandlungen, Bd. IV. Zürich 1942.

   1. Das Grundproblem der gegenwärtigen Psychologie. 2. Die Bedeutung
der Psychologie für die Gegenwart. 3. Die praktische Verwendbarkeit der
Traumanalyse. 4. Paracelsus. 5. Sigmund Freud als kulturhistorische Erscheinung. 6. Ulysses. 7. Picasso. 8. Vom Werden der Persönlichkeit. 9. Seele und
Tod. 10. Der Gegensatz von Sinn und Rhythmus im seelischen Geschehen
(von W. M. Kranefeldt). 11. Ewige Analyse (von W. M. Kranefeldt). 12. Ein
Beitrag zum Problem des Animus (von E. Jung}. 13. Der Typengegensatz in
der jüdischen Religionsgeschichte (von H. Rosenthal).

Kinderträume. Vorlesungen am psychologischen Seminar an der ETH.

Zusammenfassung von „Das Göttliche Kind" und das „Göttliche Mädchen".

Über die Psychologie des Unbewußten. Erweiterte und verbesserte Auflage von
„Das Unbewußte im normalen und kranken Seelenleben".

Psychologie und Alchemie. Psychologische Abhandlungen, Bd. V. Zürich 1944.

   1. Einleitung in die religionspsychologische Problematik der Alchemie.
2. Traumsymbole des Individuationsprozesses. 3. Die Erlösungsvorstellung
in der Alchemie.

Psychologische Betrachtungen. Eine Auslese aus den Schriften von C. G. Jung,
zusammengestellt von Dr. J. Jacobi.

Medizin und Psychotherapie. (Bulletin der Schweiz. Akademie der Medizinischen Wissenschaften.)

Psychologie und Erziehung. Zürich 1946.
　　1. Analytische Psychologie und Erziehung (erweitert). 2. Über Konflikte der kindlichen Seele. 3. Der Begabte.
Aufsätze zur Zeitgeschichte. Zürich 1946.
　　1. Wotan. 2. Die Psychotherapie in der Gegenwart. 3. Psychotherapie und Weltunschauung. 4. Nach der Katastrophe.
Symbolik des Geistes. Psychologische Abhandlungen, Bd. VI. Zürich 1948.
　　1. Zur Phänomenologie des Geistes im Märchen. 2. Der Geist Mercurius. 3. Die Gestalt des Satuns im alten Testament (von Dr. R. Schärf). 4. Versuch zu einer psychologischen Deutung des Trinitätsdogmas. 5. Zur Psychologie östlicher Meditation.
Gestaltungen des Unbewußten. Psychologische Abhandlungen, Bd. VII. Zürich 1950.
　　1. Psychologie und Dichtung. 2. Über Wiedergeburt. 3. Über Mandalasymbolik. 4. Zur Empirie des Individustionsprozesses. 5. Bilder und Symbole zu E. T. A. Hoffmanns Märchen „Der Goldene Topf" (von A. Jaffe).
Antwort auf Hiob. Zürich 1952.
Religion und Psychologie. Antwort an Martin Buber. Stuttgart 1952.
Symbole der Wandlung. Erweiterte und umgearbeitete Auflage von „Wandlungen und Symbole der Libido". Zürich 1954.

PAUL HÄBERLIN
1878 – 1960

PAUL HÄBERLIN

Werdegang

Paul Häberlin, kam am 17. Februar 1878 in Kesswil als Sohn des Primarlehrers Jakob Häberlin zur Welt. In Kesswil besuchte er auch die Volksschule. Nach dem Besuch des Gymnasiums wandte er sich dem Studium der Theologie zu. Zunächst studierte er vier Semester in Basel, anschließend belegte er je ein Semester in Göttingen und Berlin. Schon während dem Theologiestudium interessierte ihn der Bereich der Philosophie. Nach der Rückkehr nach Basel faßte er den Entschluß den Lehrausweis für Mittelschulen zu erwerben. Im Herbst 1900 schloß er das Theologiestudium ab. Kurze Zeit wirkte Paul Häberlin an verschiedenen Schulen, unter anderem an der „Untern Realschule" der Stadt Basel. Auf Vorschlag der Thurgauer Regierung übernahm er 1904 die Leitung des Lehrerseminars in Kreuzlingen. Im Jahre 1909 trat er als Seminardirektor zurück. Er lehrte aber noch als Privatdozent an der Universität Basel. Als Professor für Philosophie wirkte er von 1914 – 1922 an der Universität Bern und von 1922 – 1944 an der Universität Basel. Er gab neben seiner Lehrtätigkeit viele pädagogische und philosophische Bücher heraus.

„Der gleiche Häberlin, der eine recht abstrakte Seinslehre in der Art von Spinoza und Leibniz geschaffen hat, war zugleich ein Praktiker, der mit beiden Füßen auf dem Boden der Wirklichkeit stand. Er war ein rechter Thurgauer, eng verbunden mit der Natur und den Menschen seines Heimatkantons", sagte Hannes Maeder.

Paul Häberlin

Peter Kamm

Der thurgauische Primarlehrer Jakob Häberlin wäre wohl mehr als erstaunt gewesen, wenn ihm jemand nach der Geburt seines dritten Sohnes geweissagt hätte, er sei Vater eines zukünftigen Universitätsprofessors geworden, der sich als Philosoph, Pädagoge und Psychologe einen Namen machen werde. Auch das Büblein, welches am 17. Februar 1878 mit gemischten Gefühlen in der Wiege lag, konnte unmöglich über Begabung und Schicksal Bescheid wissen. Die Eigenart jedes Menschen ist geheimnisvollen Ursprungs, und sie gewinnt erst im Laufe des Lebens nach und nach Gestalt. Paul Häberlin gehört zu denen, die spät reif geworden sind. Werdegang und Werk zeigen aufs eindrücklichste, welcher Bereitschaft es bedarf, eine außergewöhnliche Berufung zu erkennen, und wieviel Hingabe nötig ist, sie zu verwirklichen.
Die Kindheit verbrachte Paul Häberlin in Kesswil am Bodensee, „in der engen Gemeinschaft eines kleinen Dorfes, wo jeder den anderen kannte", in einer ländlichen Gegend, die sich ihm in ihrer Weite und Schönheit unauslöschlich einprägte, wohlbehütet von treubesorgten Eltern, welche keine Mühe scheuen, ihre vier Söhne zu tüchtigen Menschen heranzubilden. Was Vaterhaus und engere Heimat ihm bedeuteten, kommt im Rückblick „Statt einer Autobiographie" in Worten zum Ausdruck, in denen Dankbarkeit und Ergriffenheit auf nicht zu überhörende Weise nachklingen.

Zunächst und vor allem die Liebe zur Natur:

„Das Dorf mit Feldern und Wiesen liegt zwischen Wald und See. Felder und Wiesen waren die Stätten der Arbeit, Wald und See waren die Orte der Beschaulichkeit, der ‚uninteressierten' Hingabe an das, was sie zu sagen hatten. Ich liebte sie, vor allem den See. Wenn ich später, fern von zu Hause, Heimweh fühlte, so galt es nicht den Menschen, sondern der heimatlichen Umgebung, und hier in erster Linie dem See. Die Natur war nie zweideutig, sie enttäuschte nie. Man fühlte sich wohl in ihr, auch im Geheimnis des Waldes, so sehr es manchmal erschauern machte; auch im Sturm auf dem See und in der winterlichen Öde seiner eisbekränzten Ufer. Unvergeßlich der Eindruck des maßvoll bewegten Sees früh vor Sonnenaufgang, fern von allen Ufern, in der Stille der Erwartung des Lichtes. – In der Natur erlebte ich das kosmisch Umfassende und Tragende der eigenen kleinen Existenz. Sie war groß und klar."

Dann aber auch die Verbundenheit mit den Menschen:

„Da waren die Bauern und Handwerker des Mittel- und Oberdorfes mit den behäbigen Häusern, fleißiges, nüchternes, ehrenfestes Volk. Ich habe ihr Leben mitgelebt, als Helfer in der Landwirtschaft des Großvaters und als interessierter Beobachter aller handwerklichen Tätigkeit in den Werkstätten. Und da waren auch die Schiffsleute und Fischer des Seedorfes, anders geartet, weniger standfest, Neuem zugänglicher, ein wenig ‚abenteuerlich' ein wenig ‚poetisch'. War es der See, oder war es diese Eigenart, jedenfalls fühlte ich mich zu ihnen und ihrer Beschäftigung hingezogen."

Das „pädagogische Klima", welches die Entwicklung des für Natur- und Menschenwelt so aufgeschlossenen Knaben nachhaltig beeinflußte, wird zusammenfassend wie folgt gekennzeichnet:

„Ich bin in evangelisch-christlicher Tradition von ausgesprochen ‚moralischer Bestimmtheit' aufgewachsen. Sie war gewissermaßen Bestandteil fester dörflicher Sitte. Ihr entsprach die Unterweisung in Schule und Kirche. Auch die häusliche Erziehung unterschied sich davon nicht stark. Wir wurden im ganzen eher, ‚moralisch' als ‚religiös' erzogen. Nur von der Mutter her kam etwas anderes. Es äußerte sich kaum in Worten – auf dem Lande, ‚redet' man nicht viel. Aber die Mutter lehrte uns wirklich beten, und dies war das ‚andere'. – Durch die väterliche Strenge wurde der Widerspruch betont zwischen dem, was wir wollen und dem, was wir sollen. Wir lernten arbeiten, auch wo Arbeit Überwindung kostete. Wir lernten ‚Pflicht' kennen, und daß ihr gegenüber keine Schonung und kein Belieben zulässig war. Dies rührte an das eingeborene *Gewissen*. Von daher war auch der Glaube an Gott moralisch bestimmt; Gott war wesentlich Ursprung schlechthin gültiger Norm, er war Gott der Forderung und des Gerichtes. Diese Art des Glaubens war es auch, welche dann durch das Erleben der Pubertätszeit genährt wurde. Dass zwischen ihm und dem Glauben an *den* Gott, zu dem man wirklich beten konnte, ein Widerspruch bestand, das ist mir erst viel später klar geworden."

Doch fehlte es schon in der Frühzeit nicht an Erlebnissen, in denen die Überwindung dieses Widerspruchs sich ankündigte. Es handelt sich um erste Vorwegnahme der *philosophischen Welt- und Lebensschau,* die im Laufe des geistigen Wachstums immer größere Bedeutung erlangen wird.

„Eine deutliche Erinnerung geht etwa in das 13. Lebensjahr zurück. Ich saß gegen Abend am Ufer des heimatlichen Sees, ganz versunken in die Schönheit der Farben und das leise Wellenspiel, welches die große Ruhe nicht störte, sondern vertiefte. Die Schöpfung war schön und gut. Es schlug sechs Uhr vom Kirchturm, und um sechs Uhr sollte ich zu Hause sein. Aber ich blieb. Ganz klar wußte ich: es wird Schläge geben, aber was bedeutete das gegen dieses hier! – Vieles ist mir an diesem Abend aufgegangen; ich versuche es in Gedanken zu übersetzen. Vor allem: es gibt Anderes und Höheres als Gebot, gesetzte Pflicht, Moral. Über allem Menschlichen steht Ewiges. In ihm ist kein Widerspruch und keine Unzulänglichkeit. Der See wurde zum offenbarenden Symbol – Symbol der Einheit in der Mannigfaltigkeit, der Ruhe in der Bewegung. Das Erlebnis hatte mehr als ästhetische Bedeutung, besser: in seiner ästhetischen Bedeutung war es kosmologische Schau ewiger Vollendung. Zugleich aber Erlebnis des großen Wunders. Es war Entzücken, Erkenntnis und Ehrfurcht zugleich. Als ich, fast vierzig Jahre später, an der ‚Ästhetik' arbeitete, fühlte ich mich immer wieder an jene Uferstelle versetzt."

Ein starker Drang nach Erkenntnis machte Paul Häberlin zum aufmerksamen, der Wille zu selbständigem Urteil und eigener Überzeugung zum kritischen und darum manchmal unbequemen Schüler:

PAUL HÄBERLIN

„Es ist mir, soweit ich zurückdenken kann, unmöglich gewesen, eine Meinung einfach anzunehmen, auch wenn sie durch autoritative Tradition gestützt war. Im Religionsunterricht der Sekundarschule erhielt ich deshalb einmal eine schlechte Note. Vor der Konfirmation hatte der Pfarrer einige Mühe, mir das Gelübde möglich zu machen. Am Gymnasium war der Chemielehrer erstaunt und entrüstet darüber, daß ich Zweifel an der damals geltenden Atomlehre, und besonders an ihrer weltanschaulichen Bedeutung, wie er sie schilderte, zu äußern wagte."
Ist es unter solchen Umständen verwunderlich, daß dem vielseitig begabten Gymnasiasten die Berufswahl einiges Kopfzerbrechen verursachte? Das im Umriß sich abzeichnende Lebensideal wies zwar deutlich die Richtung: „Möglichst viel ‚wissen', um möglichst viel helfen zu können." Aber ausgesprochene Liebe zur Wahrheit und entschiedener Wille zur Hilfe sind in sehr verschiedenartigen Berufen in die Tat umzusetzen. An eine akademische Laufbahn wagte Paul Häberlin damals auch in den kühnsten Träumen nicht zu denken. Das Studium der Medizin, im besondern der Psychiatrie, welches eine Zeitlang lockte, kam der hohen Ausbildungskosten wegen nicht in Betracht. Die ungelösten religiösen Fragen führten schließlich zum Entschluß, dem älteren Bruder nachzueifern und Theologie zu studieren, um dereinst als Pfarrer zu wirken.
„Es war mir klar, dass wirksame Hilfe Einsicht voraussetzt, und ich verstand solche Einsicht wesentlich als eigene innere Sicherheit in Sachen der Lebensführung, wie ja der Helferwille von Anfang an verbunden war mit der gespürten Notwendigkeit, mit mir selber ins Reine zu kommen. Was ich suchte, war die sichere Orientierung, nach welcher sich das Leben richten konnte. Dies war auch mein ‚Begriff' der *Wahrheit*. Und der Wille zur Hilfe war die Absicht, anderen zu solcher Orientierung, d. h. eben zur Wahrheit zu verhelfen. Wenn ich mich der Theologie zuwandte, so tat ich es deshalb, weil ich von ihr die Antwort auf die Frage nach dem wahren Glauben erwartete, als Bedingung und Vorbereitung auf das seelsorgerliche Amt."
Das Studium der Theologie, dem Paul Häberlin zunächst vier Semester in Basel, dann je eines in Göttingen, Berlin und Basel oblag, wurde zu einer an äußern und innern Geschehnissen reichen Zeit, der Zeit des Erwachens und der sich ankündigenden Befreiung:

PAUL HÄBERLIN

„Es bewahrheitete sich, was mir einer meiner Lehrer am Gymnasium zum Abschied gesagt hatte: ‚Wenn du an die Universität kommst, wirst du aufgehen wie ein Schwamm im Wasser…' Eine neue Welt ging mir auf."
In Basel fand der angehende Theologe hervorragende Lehrer, Studienfreunde, mit denen er sich zum ersten Mal richtig aussprechen konnte, Gelegenheit zu geselligem Umgang und eine städtische Kultur, die dem auf dem Lande Aufgewachsenen viel zu bieten hatte. In Göttingen wurde ihm vor allem die Pflege der Freundschaft in der Burschenschaft „Germania" zum beglückenden Erlebnis. Im Berlin der Jahrhundertwende lernte er Glanz und Elend einer Weltstadt sowie das Deutschtum nach seiner aufbauenden und seiner gefährlichen Seite kennen.
Das mit heißem Bemühen verfolgte Hauptanliegen dieser Jahre war und blieb jedoch, den wahren Glauben zu finden, der allein sinnvolle Lebensgestaltung gewährleistet.
„Am Gymnasium war es nicht um Wahrheit gegangen, sondern um Wissen. Jetzt trat mir überall die Frage der Wahrheit entgegen. Dies Erlebnis weckte auf, was in mir geschlummert hatte. Das Berufsziel rückte in die Ferne; die innere Vorbereitung nahm mich ganz in Anspruch. Im Unterricht der Lehrer traten die eigenen Probleme deutlich ins Bewußtsein… Alle berufen sich zuletzt auf die biblische Offenbarung, aber sie verstanden diese auf verschiedene Weise… Lagen die Differenzen des Verständnisses nur an der Unvollkommenheit der Interpretation, oder war das ‚Wort' selber nicht eindeutig? So oder so aber: Wo lag die Wahrheit? Ich begann zu verstehen: die Antwort auf die Frage der Wahrheit setzt ein *Kriterium* voraus, unter dem sie sich entscheiden muß. Der Glaube muß *begründet* sein, wenn er wahrer Glaube sein soll."
In diesem zunächst noch tastenden Streben nach unbedingter Einsicht wurde Paul Häberlin durch die Professoren Bolliger und Joel am stärksten gefördert. Diese beiden Gelehrten waren es, die dem jungen Wahrheitssucher den Weg philosophischer Besinnung erschlossen. Eine Zeit „glückhafter Zuversicht" brach an:
„Ich lebte in dem Vorgefühl, dass nun alle Fragen ihre Antwort finden würden. Die Glaubens- *Gewißheit* stand in so greifbarer Nähe, daß ich sie schon zu haben meinte. Ich sah mich befreit von der Notwendigkeit, mich auf Autorität

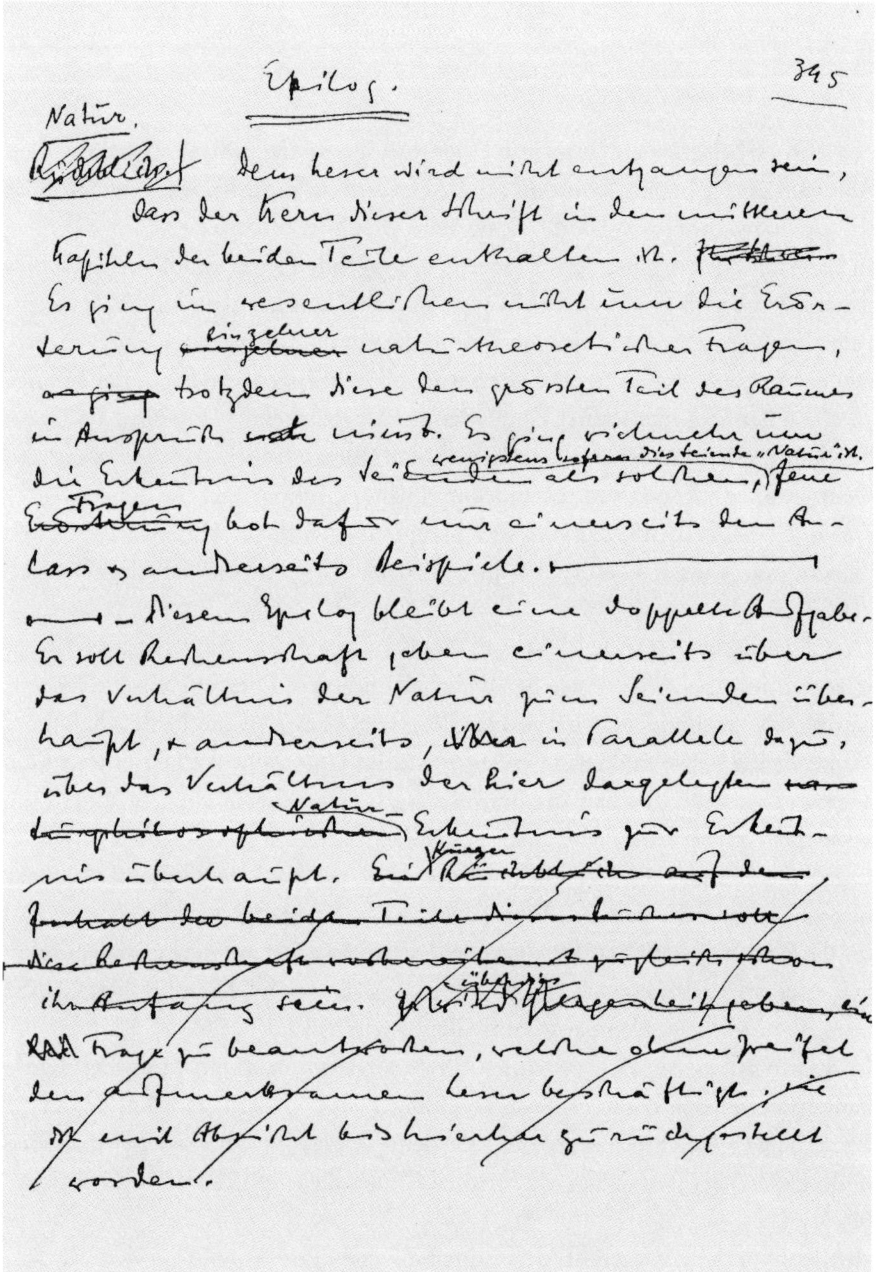
Epilog. 345

Natur.

Dem Leser wird nicht entgangen sein, dass der Kern dieser Schrift in den mittleren Kapiteln der beiden Teile enthalten ist. Es ging im wesentlichen nicht um die Erörterung einzelner naturtheoretischer Fragen, trotzdem diese den grössten Teil des Raumes in Anspruch nimmt. Es ging vielmehr um die Erkenntnis des Seienden als solchen, (wenigstens insofern das Seiende „Natur" ist.) jene Fragen bot dafür nur einerseits den Anlass u. anderseits Beispiele. — Diesem Epilog bleibt eine doppelte Aufgabe. Er soll Rechenschaft geben einerseits über das Verhältnis der Natur zum Seienden überhaupt, u. anderseits, in Parallele dazu, über das Verhältnis der hier dargelegten Natur-Erkenntnis zur Erkenntnis überhaupt.

Handschrift von Paul Häberlin

oder Tradition verlassen zu müssen; ich glaubte an die Möglichkeit, ja Sicherheit eigener untrüglicher Einsicht.

Die erste eingehende Beschäftigung mit Philosophie führte allerdings nicht zum erhofften Ergebnis. So anregend die Lektüre der Schriften Platons, Descartes', Spinozas und Leibnizens wirkte: neue Verlegenheiten waren die Folge. Was schon in der Auseinandersetzung mit den theologischen Lehrern zutage getreten war, wiederholte sich: die Zahl der Probleme nahm zu statt ab; die Zuversicht, in kürzester Frist Glaubensgewissheit erlangen zu können, schwand. Die Begegnung mit Kant vermochte vorübergehend sogar den Glauben an die Möglichkeit unbedingter Einsicht zu erschüttern.

„Ich besaß noch nicht die Waffen, mit denen ich Kants Kritik hätte standhalten können… Doch ahnte ich, daß der Weg nicht an ihm vorbei, sondern durch ihn hindurch führen müßte."

Dieses Ringen um den wahren Glauben vollzog sich innerhalb des Theologiestudiums, das Paul Häberlin nach wie vor zu beenden gewillt war und im Herbst 1900 erfolgreich abschloß. Wenn ihm auch jene Glaubensgewißheit, die er von Anfang an gesucht hatte, noch nicht zuteil geworden war, so wußte er nun doch, in welcher Richtung die innere Vorbereitung aufs Pfarramt ergänzt werden mußte: es galt, den Kampf um die Wahrheit des Glaubens in Auseinandersetzung mit Theologie und Philosophie solange fortzusetzen, bis die ersehnte Sicherheit gewonnen war.

Das letzte der acht Semester, die der Vater bewilligt hatte, verbrachte Paul Häberlin, befreit von jeglichem Examendruck, in Göttingen. Bestrebt, Versäumtes nachzuholen und sich aller Bindungen zu entledigen, die einer freien Entscheidung hinderlich sein konnten, arbeitete er im Botanischen Institut und im Psychologischen Laboratorium der Universität. Der Kontakt mit der Theologie blieb gewahrt. Das Studium der Philosophie wurde eifrig fortgesetzt. In diesen Wochen tauchte der Gedanke auf, in Philosophie und Biologie zu promovieren. Doch gewann der Plan im kurzen „Feriensemester" noch nicht bestimmte Gestalt. Dazu kam es erst zu Beginn der anschließenden Hauslehrertätigkeit in Paderborn und Bremen, die anderthalb Jahre dauerte. Das Amt eines Erziehers brachte Unabhängigkeit und Verantwortung, führte zur Begegnung mit der

Lebensgefährtin, gewährte die nötige Musse zur Ausarbeitung der Dissertation und trug wesentlich zur Klärung des Berufszieles bei.

„Eines wurde mir allmählich klar: Das Pfarramt kam nicht mehr in Frage. Die Dissertation hatte zwar am Beispiel Schleiermachers gezeigt, daß Philosophie und Theologie sich nicht zu widersprechen brauchen, daß vielmehr die letztere durch philosophische Besinnung nur gewinnen kann... Beiden geht es um den wahren Glauben, und um ihn ging es mir selber nach wie vor. Aber eben deshalb erschien mir die Bindung an das kirchliche Amt mit der Zeit immer deutlicher als Hindernis. Philosophie verlangte Freiheit. Das Lebensideal blieb bestehen; aber ich fühlte, daß es mir oblag, es auf andere Weise zu verwirklichen, auf eine Weise, die mich nicht von vornherein einengte. Ich fühlte mich der *Philosophie* verpflichtet, ohne Wenn und Aber."

Da Paul Häberlin sich noch nicht darüber im klaren war, ob er zum Hochschullehrer berufen sei, faßte er vor der Rückkehr nach Basel den Entschluß, Schulmeister zu werden, d. h. nach dem Doktorexamen so bald als möglich den Lehrausweis für Mittelschulen zu erwerben. Der Promotion in Philosophie, Zoologie und Botanik im Januar 1903 folgte die zweite Prüfung in den Fächern Biologie, Mathematik, Geographie auf dem Fuße. Der Streich glückte. Das Tor zur „pädagogischen Provinz" stand offen.

Die Wirksamkeit an der „Untern Realschule" der Stadt Basel war nur von kurzer Dauer. Kaum hatte der junge Schulmeister sich eingearbeitet, überraschte ihn im Spätsommer 1904 die Anfrage der Thurgauischen Regierung, ob er gewillt sei, die Leitung des Lehrerseminars in Kreuzlingen zu übernehmen.

„Die Annahme der Stelle war einer meiner verwegensten Schritte. Man muß wissen, daß der Seminardirektor die erste Persönlichkeit im kulturellen Leben meines Heimatkantons war. Auch für meinen Vater, selber Schüler des Seminars, gab es nächst dem Herrgott nichts Höheres. Zudem war ich für die Stellung kaum vorbereitet, jedenfalls nicht nach der administrativen Seite. Auch war ich erst 26 Jahre, und die Lehrer, deren Führer ich sein sollte, standen zum Teil im Alter meines Vaters oder wenig darunter."

Bald kam es denn auch zu einem Generationenkonflikt auf höherer Ebene, der in einen aufsehenerregenden „Seminarstreit" ausartete. Aber nicht diese Auseinandersetzung und die damit verbundenen Enttäuschungen waren es, welche Paul Häberlin bewogen, im Frühling 1909, nach viereinhalb Jahren, als Seminardirektor zurückzutreten. Den Ausschlag gab vielmehr die inzwischen gewonnene Überzeugung, nur in der akademischen Lehrtätigkeit, die er seit 1908 als Privatdozent an der Universität Basel bereits ausübte, volle Befriedigung zu finden. Sollte das Lebensideal in angemessener Weise verwirklicht werden, so blieb nichts anderes übrig, als mit Frau und Kind den Schritt in eine völlig ungesicherte Zukunft zu wagen.

„Der Kampf mit den Ansprüchen des, Lebens mußte neu beginnen. Es mußte ein neuer Kompromiß gefunden werden. Aber ich war nun entschlossen, den Lebensunterhalt nicht wieder durch ein Amt zu suchen, dessen Verpflichtungen zur innern Verpflichtung im Widerspruch standen. Ich wollte durchaus frei sein."

Der Kompromiß bestand in der heilpädagogischen Betreuung junger Leute im Schoße der Familie. So lehrreich diese neue Tätigkeit war, so belastend wirkte sie sich aus, zumal auf die Dauer. Nach fünfjähriger Wartezeit erst brachte der Ruf an die Universität Bern die entscheidende äußere Wendung.

„Die zehn oder elf Jahre des Kampfes um den eigentlichen Beruf wollten mir oft als in gewissem Sinn verlorene Zeit erscheinen. Ich sah andere, denen die äußeren Verhältnisse erlaubten, den geraden akademischen Weg zu gehen und vor allem: ungehindert *arbeiten* zu können. Aber ich glaube jetzt, daß es gut war, so wie es gewesen ist. Die öffentliche Wirksamkeit in Kreuzlingen brachte wichtige Erfahrungen. Der enge Verkehr mit den Schülern und später mit den Pensionären übte die pädagogischen Kräfte nicht nur, sondern förderte auch das Verständnis des Menschen. Das kam nicht nur der psychologischen Kenntnis zugute, welche für die Realisation des Lebensideals unerläßlich war, sondern auch der philosophischen Einsicht. In der Praxis der Hülfe präzisierte sich der *Sinn* dieser Hülfe; der ernsthafte Versuch, andere zu rechter Lebensführung zu erziehen, hilft zur eigenen Klärung. Vielleicht ist dies der beste Weg zum wahren Glauben: daß man ihn, im Verkehr mit dem Nächsten, mit diesem *gemeinsam* sucht. – Aber auch der Kampf um die äußere Existenz war im selben Sinne förderlich. Es geht in der Philosophie um die rechte Führung des Lebens. Diese lernt sich nur in der Übung, in welcher der Glaube zur Bewährung aufgerufen wird; hier muß es sich zeigen, ob er der wahre ist. Man kann nicht philosophieren, ohne zu ‚leben.'

Als Professor für Philosophie mit besonderer Berücksichtigung der Psychologie und Pädagogik in Bern, 1914 – 1922, und Basel, 1922 – 1944, war es Paul Häberlin endlich vergönnt, ganz seinem Beruf und seiner Berufung zu leben. Er tat dies, als Lehrer und Forscher, in vorbildlicher Gewissenhaftigkeit, mit unermüdlichem Fleiß und bewundernswerter Hingabe. Groß ist die Schar derer, die sich in seinen Vorlesungen und Übungen im Tiefsten angesprochen fühlten; sie wissen sich heute in dankbarer Erinnerung mit Paul Häberlin verbunden. Und außergewöhnlich ist, nach Umfang und Gehalt, das schriftstellerische Werk, in dem der innere Werdegang, von den Anfängen bis in die Spätzeit hinein, seinen Niederschlag gefunden hat.

Schon aus den wichtigsten frühen Schriften geht unzweideutig hervor, daß die Lösung der philosophischen Grundprobleme das Hauptanliegen Paul Häberlins war. Die Herausgabe von Büchern pädagogischen und psychologischen Inhalts in den Jahren 1914 – 1925 widerspricht dieser Feststellung in keiner Weise; sie hing aufs engste mit der Erfüllung des Lehrauftrages zusammen und erfolgte in bewußter Zurückhaltung des Eigentlichen:

„Durch die philosophischen Versuche der vergangenen Periode war meine Überzeugung verstärkt worden, daß es noch viel innerer Arbeit und Reifung bedürfe, bevor ich das Recht *philosophischer* Mitteilung hätte."

Der nahezu Fünfzigjährige erst fühlte sich dem Wagnis verbindlicher philosophischer Aussage gewachsen. Von da an stand die Wesensforschung, auch auf dem Gebiet der Pädagogik und der Psychologie, im Mittelpunkt des Schaffens von Paul Häberlin. Forschend und lehrend drang er unaufhaltsam weiter vor, bis dorthin, wo letzte Fragen ihre Antwort finden. Was ihn jahrzehntelang beschäftigt hatte, klärte sich und gewann Gestalt. Die Reihe der Werke, von der Schrift „Das Gute" bis zur „Logik im Grundriß", sind Meilensteine auf dem Weg der ständig fortschreitenden Besinnung. Einen Glücksfall besonderer Art stellt die 1952 erschienene „Philosophia perennis" dar, das Vermächtnis Paul Häberlins, in dem er die Ergebnisse seiner Lebensarbeit zusammenfasst und zugleich im

Ausblick auf die Geschichte der abendländischen Philosophie seinen Standort bestimmt.

Jeder Versuch einer eingehenderen Würdigung des Gesamtwerkes sprengte den Rahmen dieser Arbeit. Wir müssen uns darauf beschränken, auf die Festschrift „Im Dienste der Wahrheit" hinzuweisen. Nur dies eine sei jetzt und hier gesagt: es handelt sich um die tiefgründigste und umfassendste Wesenslehre der Welt und des Menschen, welche die Schweiz hervorgebracht, um die gewaltige Leistung eines Mannes, der sich zur Einsicht in seine Berufung durchgerungen, dem einmal erkannten hohen Lebensideal die Treue gehalten und im Denken und Handeln Philosophie, wirkliche Philosophie, vertreten hat. – Gewiß kann es nicht jedermanns Sache sein, sich in die Hauptwerke zu versenken und sie in ihrer Fülle auszuschöpfen. Aus dem Willen zur Hilfe heraus hat Paul Häberlin es je und je unternommen, die Grundhaltung, auf die alles ankommt, so zu schildern, daß auch der im philosophischen Denken Ungeübte zu folgen vermag, vor allem in den Schriften „Das Wunderbare", „Das Evangelium und die Theologie", „Aus meinem Hüttenbuch". Wer fühlte sich beim Anhören des abschließenden Zitates aus den Erlebnissen und Gedanken eines Gemsjägers nicht an die Offenbarung am abendlichen See erinnert. Was dem zwölfjährigen Knaben zum erstenmal in ahnungsvoller Ergriffenheit aufging, erlebt in staunender Ehrfurcht der greise Denker, der das Leben von Grund auf kennt und der gerade darum nie aufgehört hat, es zu bejahen und zu lieben.

„Der Föhn war eingebrochen. In der Nacht hatte er um die Hütte geheult und gepfiffen, den ganzen Tag die Arven und Tannen gezaust und in der Höhe dem Jäger das Gehen sauer gemacht. Aber jetzt hat der stürmische Wind sich gelegt. Am klaren Himmel glänzen und glitzern die Sterne noch einmal so hell. Der aufgehende Mond beleuchtet die Felsen und Steinhänge, als ob Schnee darauf läge. Die Tannen in der Nähe stehen schwarz gegen all den Glanz. Die Stille ist vollkommen. In tiefer Einsamkeit sitze ich vor der Hütte. Wie klein ist der Mensch. Da kreisen die Gestirne und wirbeln werdende Sonnen, und alles geht seinen Lauf, als ob du gar nicht da wärest. – Und doch ist es *deine* Welt, und ohne dich wäre sie nicht. Es falle ein Stäubchen aus dem ewigen Reigen, und alles stürzt zusammen. Denn eines ist nicht ohne das andere. Die Welt ist deine Welt, du bildest sie mit und vertrittst an deiner Stelle ihr Dasein im Ganzen.

Und noch einmal ist sie deine Welt dadurch, daß du, Stäubchen, dich ihr anschauend, forschend, denkend gegenüberstellst. In deinen Augen, in deinem Geiste spiegelt sie sich. Du weißt um sie. In der Einsamkeit bist du nicht allein. Du bist ‚Ich' nur zusammen mit dem Du, und dieses Du ist die Welt. Es ist wundervoll, so in der Einsamkeit, hoch über allem Getriebe, einmal sich in Harmonie mit der Welt zu fühlen. Aber schon bald werde ich wieder hinabsteigen zu meinen Lieben und meinen Feinden, zu meinen Aufgaben und Interessen. Und morgen werde ich jagen gehen, werde Gefahren zu vermeiden suchen, werde mich – mich – behaupten.

Etwas aber von dem, was die Einsamkeit gebracht hat, wird bleiben. Das Erlebnis der Harmonie ist wie eine Vision dessen, wonach wir alle uns sehnen, obwohl wir alle mit unserem selbstbehauptenden Willen das Gegenteil treiben. Und was wir geschaut, gefühlt haben, begleitet uns, wenn wir jetzt wieder hinuntersteigen in die Region der täglichen Kämpfe. Der Zwiespalt zwischen dem, was wir ständig wollen, und dem, was wir eigentlich und im tiefsten wollen, wird bleiben. Aber die Melodie der Stille wird nachklingen; wir werden sie hören mitten im allzumenschlichen Treiben. Dann werden wir auch das Treiben selbst nach seinem Sinn verstehen. Unruhe, Bewegung ist nicht um ihretwillen, sondern damit Ruhe lebendig sei.

Lebendige Ruhe ist Ordnung. Bewegung stört nicht die Ordnung, sondern offenbart sie – so wie bewegte Musik Darstellung der Ordnung ist, Ausdruck ewiger Harmonie."

PAUL HÄBERLIN

Die tragenden Gedanken von Häberlins Philosophie
Hannes Maeder

Der Mensch ist eine *Seele*, die sich einen *Leib* gebildet hat. Der Leib ist ihr Organ, das sie zum Leben und Überleben in unserer Welt benötigt. Die Seele will um jeden Preis in ihrem Leib leben und auf keinen Fall sterben. Leben in und mit ihrem Leibe ist für sie der Zweck, der Sinn ihres Daseins. Da sie diesen Zweck nicht verfehlen will, lebt sie in *Sorge* und *Angst*, hinter denen der Gedanke an den Tod steht, der den Lebenszweck der Seele zu zerstören droht. Zugleich weiß die Seele aber, daß sie unsterblich ist, daß Tod für sie nur die Trennung von ihrem Leib bedeutet. Der Leib ist dem *Gestaltwandel* unterworfen; er ist vergänglich. Organismen müssen sterben, anorganische Gebilde lösen sich in ihre Elemente auf. – So lebt der *Mensch im Widerspruch:* Er will zwar um jeden Preis mit seinem Leib leben, zugleich weiß er aber, daß der Tod, die Trennung der Seele von ihrem Leib und dessen Auflösung, notwendig, richtig und sinnvoll ist. Häberlin nennt den eigensinnigen Lebenswillen der Seele *Trieb;* ihm entspricht die subjektive, egoistische Einstellung der Seele. Nimmt die Seele aber Tod und Vergänglichkeit an, so wird sie objektiv, offen für die Wirklichkeit des Gestaltwandels. Die Seele in dieser objektiven Haltung nennt Häberlin *Geist.* Die Stimme der Seele, die den Menschen zur Objektivität aufruft, ist das *Gewissen.* Wenn die Seele dem Ruf des Gewissens folgt und ihren Eigensinn überwindet, wird sie von der egoistischen *Verzweckung* ihres Lebens frei; Sorge und Angst verschwinden und machen einem gläubigen Annehmen des Objektiven, Wirklichen Platz, das Häberlin mit der *Liebe* im Sinne des Evangeliums, der Agape, gleichsetzt. – Häberlin unterscheidet die Liebe vom *Eros*, den er „glückshungrig" nennt. Vom Eros getrieben, sucht der Mensch den Umgang mit Menschen und Dingen, weil er in ihnen Gelegenheit sucht, selber glücklich zu sein. In diesem Sinne „liebt" er den oder das Begegnende. Aber der Eros ist egozentrisch; deshalb kann er sich auch in *Haß* verkehren, denn Haß ist „Inversion auf Grund verschmähter Liebe". – Anders die *Liebe*. Über sie sagt Häberlin: „Die Liebe fragt nicht nach Brauchbarkeit oder Gefälligkeit oder entgegenkommender Liebenswürdigkeit. Sie liebt den andern, weil er ist, wie er ist, möge er zu mir sich so oder so verhalten. Darum kennt sie keine Bevorzugung. Sie kennt weder Gleichgültigkeit noch Haß. Denn es gibt für sie keine Enttäuschung und keine Zurückweisung. Wo kein eigensinniger Anspruch ist, da ist der andere immer willkommen. *Liebe ist die gelebte Zusammengehörigkeit, die Bejahung des Einsseins mit dem andern im Sein, die wahre „Identifikation".* Diese Worte über die Liebe klingen an 1. Korinther 13 an, wie auch die Ausführungen über Sorge und Angst dem Evangelium entsprechen (Matth. 6, 31): „Darum sollt ihr euch nicht sorgen und sagen, was werden wir essen oder was werden wir trinken, oder womit werden wir uns kleiden." Und Joh. 16, 33: „In der Welt habt ihr Angst; aber seid getrost, ich habe die Welt überwunden." Hier spürt man, daß Häberlin ursprünglich Theologe war. Er blieb es auch als Philosoph, in dem Sinne, daß seine Philosophie immer klarer eine religiöse, ja eine auf seine persönliche Art christliche wurde. In einer seiner letzten Schriften, *„Das Evangelium und die Theologie",* zeigt Häberlin auf eindrückliche Weise, wie seine Philosophie mit dem Evangelium, wie er es verstand, übereinstimmt. – Doch nun zurück zum Menschen und seinem Widerspruch. In der Liebe überwindet der Mensch den inneren Widerspruch und findet den Weg zur Einheit des Seins und zum objektiven wahren Sinn des Lebens. Das Sein ist mit den Sinnen nicht wahrnehmbar, es ist die eigentliche, wahre Wirklichkeit; in ihr gibt es nichts Totes, keine Leere, kein Nichts irgendwelcher Art; *das Sein ist unvergängliche, lebendige Harmonie.* Immer wenn der Mensch seinen Zwiespalt überwindet, findet er im Sein die Geborgenheit einer geistigen Heimat; er erfährt das Wunder des Göttlichen und hat Teil an ihm. – Geist ist bei Häberlin nicht gleich Intellekt, sondern die Möglichkeit der Seele, die triebbedingte Verzweckung des Lebens und mit ihr Sorge, Angst und Verzweiflung zu überwinden, den Krampf des Egoismus aufzugeben zugunsten der Öffnung zum Sein, zur Einheit von Mensch und Kosmos, zur *Ganzheit.* – Der Mensch wird freilich, solange er lebt, den Widerspruch nicht los, aber er kann im Erlebnis des *Schönen*, das Häberlin ein Fenster zum Sein nennt, und in *tätiger Liebe* immer wieder aus der Schau der ewigen Harmonie Kraft schöpfen und sein Leben dem objektiven Sinn öffnen. – Häberlins Schau des Seins stimmt weitgehend überein mit derjenigen des alten Goethe, der im Jahre 1829, drei Jahre vor seinem Tode, folgende Verse schrieb:

> Kein Wesen kann zu nichts zerfallen!
> Das Ew'ge regt sich fort in allen,
> Am Sein erhalte dich beglückt!
> Das Sein ist ewig: denn Gesetze
> Bewahren die lebend'gen Schätze,
> Aus welchen sich das All geschmückt.

Häberlin hätte das Satz für Satz unterschreiben können.

PAUL HÄBERLIN

Philosophie
verfaßt von Paul Häberlin

Wörtlich: Liebe zur Wahrheit, Versuch des Menschen, der sich unweise fühlt, *Weisheit* zu erlangen. So ist Philosophie Ausdruck der menschlichen Problematik, d. h. der Tatsache des Widerspruchs zwischen dem, was wir sind oder tun, und dem, was wir eigentlich wollen. Wir sind eigensinnig „subjektiv" und wollen „objektiv" sein, in unseren Urteilen und im entsprechenden Handeln. Sofern der Mensch um diese seine Lage weiß, erlebt er die Aufgabe, seine *Subjektivität*, sofern sie eben Eigensinn bedeutet, zugunsten der *Objektivität* zu überwinden. Die Möglichkeit dazu nennen wir den *Geist* des Menschen; alle Versuche der Verwirklichung fassen wir im Begriff der *Vergeistigung* oder *Kultur* zusammen; Kultur heißt Pflege des Geistes im wirklichen Verhalten.
In diesem Zusammenhang steht Philosophie. Nach ihrem allerweitesten Begriff ist sie überhaupt nichts anderes als der Versuch der Vergeistigung des Lebens im angedeuteten Sinn. Weise wäre der, welcher seine eigenwillige Subjektivität völlig überwunden hätte und also stets sich so verhielte, wie es sachlich richtig wäre, nicht mehr angefochten, durch bloße Wünsche oder durch den Augenschein. – Schon im griechischen Altertum hat aber der Begriff eine Verengerung erfahren. Philosophie im engeren Sinn heißt nun ein Streben, welches zwar zuletzt auch dem Erwerb jener Weisheit dient, aber zunächst einmal darin besteht, sich *Rechenschaft* zu geben über das Objektive und also darüber, wie das Verhalten beschaffen wäre, welches ihm entspräche. Philosophie ist nun Besinnung auf das Objektive und ist damit das Streben, Einsicht in es zu erlangen, oder kurz: *Streben* nach der *Wahrheit*. Der Weise in diesem engeren Sinn wäre danach derjenige, welcher um das wahrhaft Gültige wüßte.
Aber noch einmal schränkt sich der Begriff ein, und zwar im Verlauf jener

Besinnung selbst. Wiederum hat sich die Wendung exemplarisch innerhalb der griechischen Philosophie vollzogen. Sie entdeckte die Bedingtheit aller Meinung durch den Standpunkt ihres Trägers und also die Relativität der „Wahrheit". Sie ahnte aber zugleich in aller Bedingtheit ein Unbedingtes, etwas jenseits aller Meinungen schlechthin Gültiges. Und nun trennt sich, innerhalb des Strebens nach Wahrheit, Philosophie im engsten Sinne des Wortes, von *Wissenschaft*. Dieser letztern wird die Aufgabe überlassen, im Bereiche des Bedingten die Näherung an die Wahrheit zu suchen und so die Meinungen zur relativ richtigen Meinung zu formen; jene aber, die Philosophie, wendet sich dem geahnten Unbedingten zu und wird also zum Versuch, sich der schlechthin gültigen Wahrheit zu vergewissern. Sie versucht dies negativ durch kritische Ausscheidung alles dessen in den Urteilen, was Sache bloßer Meinung (*Erfahrung*) ist, positiv aber durch Klarstellung dessen in eben diesen Urteilen, was über alle Meinung erhaben, nicht durch den Standpunkt des Subjekts bedingt, was schlechthin unfraglich oder a priori gewiß wäre. In dieser Weise strebt sie nun nach Überwindung der Subjektivität und ist sie also Liebe zur Wahrheit.
Auf der Suche nach der unfraglichen Wahrheit stößt sie mit größerer oder geringerer Klarheit immer wieder auf die Voraussetzung aller Fraglichkeit, nämlich auf das fragende Subjekt selbst als unfraglich Existierendes. So wird Philosophie mit größerer oder geringerer Bewußtheit stets Versuch sein, zu erschauen, was diese Existenz, dies „Ich bin", eigentlich bedeutet. Sie wird zum Versuch der Explikation dieser „Unwahrheit".
Welcher Gefahr sie dabei ausgesetzt ist, liegt auf der Hand. Die ständige Versuchung besteht in dem Wunsche, Lieblingsmeinungen als unbedingte Wahrheit zu erweisen, zu ihren Gunsten die Kritik zu vergessen, den eigenen Standpunkt gewissermaßen zu dogmatisieren. Ein Philosophieren, welches dieser Versuchung unterliegt, heißt *Spekulation*. Spekulation ist die große Gefahr der Philosophie; man darf also nicht Philosophie mit spekulativer „Philosophie" identifizieren, wie es leider immer wieder geschieht. – Man versteht aber auch, wie nahe angesichts der ständig vorhandenen Versuchung des spekulativen Abirrens jene resignierte *Skepsis* liegt, welche die Möglichkeit, die unbedingte Wahrheit zu finden, entweder leugnet oder mindestens bezweifelt. Immer bewegt sich

Philosophie auf dem schmalen Grat zwischen Spekulation und skeptischer Resignation.

Auch der sogenannte „*Relativismus*" kann als Reaktion gegen spekulatives Philosophieren verstanden werden. Er unterscheidet sich vom Skeptizismus durch seine Radikalität: an die Stelle der Leugnung der Möglichkeit, unbedingte Wahrheit zu finden, tritt die Leugnung unbedingter Wahrheit überhaupt, d. h. die völlige Absage an jene Ahnung, welcher Philosophie ihr Dasein verdankt. Darnach wäre „wahr" immer nur eben das, was für wahr gehalten wird, und eine objektive Bedeutung von „Wahrheit" gäbe es gar nicht. Gerade an dieser Formulierung wird aber ersichtlich, daß im Relativismus wohl noch etwas anderes als die Reaktion gegen spekulative Philosophie zu Worte kommt, nämlich das Bestreben, über die subjektive Meinung hinaus überhaupt nichts gelten zu lassen; so enthielte er seinerseits ein subjektiv willkürliches Moment, er wäre selber so etwas wie – negative, nihilistische Spekulation.

Die Geschichte der Philosophie zeigt das Ringen des philosophischen Geistes mit den Anfechtungen der Subjektivität. Im Versuch, sich unbedingter Wahrheit zu vergewissern, ist sie, als Philosophia perennis, geleitet von den *Ideen*, welche in der Dreifalt möglicher *Urteile* walten: im ästhetischen Urteil als Idee der Schönheit und Vollkommenheit, im logischen (theoretischen) Urteil als Idee des unerschütterlichen Seins, im praktischen (ethischen) Urteil als Idee des wahrhaft Guten. Indem Philosophie über die Bedeutung dieser Leitideen nach ihrem Gehalt und vor allem nach ihrer objektiven Tragweite, sich Rechenschaft zu geben sucht, ist sie immer *Ästhetik, Logik, Ethik.* – Die Ideen zeigen aber eine doppelte Orientierung: sie sind unsere menschlichen Ideen und insofern am *Menschen* orientiert, und gehen andererseits auf den Gegenstand, das *Seiende*, das uns begegnet und dem das Urteil gilt. So hat Philosophie notwendig *anthropologische* und *ontologische* Ausrichtung zugleich. Als *Ontologie* gibt sie sich Rechenschaft darüber, wie das *Seiende* gemäß unbedingter Wahrheit beschaffen sei, nach allen den Seiten, auf welche die Ideen hinweisen. Als *Anthropologie* fragt sie nach dem Subjekt der Ideen; sie gibt sich Rechenschaft über das Wesen des Menschen und untersucht damit die Frage seiner Kompetenz in Sachen der Wahrheit.

PAUL HÄBERLIN

Es ist betont worden, daß Philosophie immer Versuch ist, *Streben* nach Weisheit. Die Geschichte der Philosophie ist die Geschichte dieses Strebens, so wie es wirklich geworden ist. Es ist klar, daß sich darin Höhen und Tiefen, Zusammenhänge und Neuansätze finden werden. Träger der Philosophie ist immer der einzelne Philosophierende, wenn auch in seiner historischen Verbundenheit. Wo also Philosophie wirklich ist, wird sie stets besondersartig sein, stärker oder schwächer im Verhältnis zu ihrer Aufgabe, weiter oder enger im Verhältnis zu deren Umfang, ganz abgesehen von eigentlichen Entgleisungen. Doch ist Zusammenhang und sogar Fortschritt möglich, so zwar, daß einer vom anderen lernt, seine Schwächen korrigiert oder seinen Horizont erweitert. – Damit ist zugleich die Frage nach dem Grund der oft betonten „Uneinigkeit der Philosophen untereinander" im wesentlichen beantwortet. Doch müßte man dazu die mögliche Verschiedenartigkeit der *Formulierungen* nehmen, in welchen der Einzelne das Ergebnis seines Philosophierens ausdrückt oder mitteilt. Denn das ist nun etwas anderes. Philosophie ist der Versuch schlechthin wahrhafter Schau, und ist als solcher „persönliche" Angelegenheit. Weil sie aber Ausdruck kulturellen Willens ist, und Kultur andererseits, in ihrer ethischen Bedeutung, immer *Gemeinschaft* will, so drängt philosophische Schau zur Mitteilung, im Sinne kultureller Hilfe für alle, d. h. im wahrhaft pädagogischen Sinn. Zum Zwecke solcher Darbietung muß die innere Schau sich in mittelbare Bilder ausprägen; das sind dann die philosophischen „Sätze" oder „Systeme". Diese Darstellungsgestalt der Philosophie wird sehr verschieden sein, je nach der Art und der Kraft des Darstellenden, aber auch je nach der „Zeit" oder der „Gesellschaft", an welche die Mitteilung sich wendet. Und vieles, was als „Uneinigkeit" der Philosophen erscheinen mag, wird in Wahrheit eher Differenz der Darstellungsweise sein.

Ähnliches gilt für die Auffassung oder den Begriff der Philosophie selber. Die „Definition" der philosophischen Aufgabe wird abhängig sein einerseits von der Weite des Horizontes oder von der geistigen Kraft des Philosophierenden, anderseits von der *Umwelt*, an welche sie sich richtet. Die Differenzen sind auch hier nicht so groß, wie es scheinen mag, wenn man sich an den Wortlaut hält. Wenn beispielsweise Philosophie oft als „Wissenschaft von den Prinzipien" bezeichnet wird (manchmal sogar noch enger als Wissenschaft von den Prinzipien der *Erkenntnis*), so entfernt sich eine derartige Definition nicht weit vom Willen zur Vergewisserung schlechthin gültiger Wahrheit. Denn diese Wahrheit ergäbe in der Tat die Prinzipien alles Verhaltens und darin diejenigen des erkennen wollenden Urteilens. Sogar die Bezeichnung „Weltanschauungslehre" besagt nicht wesentlich etwas anderes, sofern nur „Weltanschauung" eben als unbedingt wahre verstanden ist; verfehlt wäre die Definition nur dann, wenn mit Weltanschauung so etwas wie spekulatives, subjektives Wünschen oder Stimmungen oder Vorurteilen entsprechendes oder dann ein bloß empirisches Weltbild gemeint wäre, welches der objektiven Begründung entbehrte. – Gänzlich am Wesen der Philosophie vorbei geht dann allerdings diejenige Definition, welche Philosophie als „Zusammenfassung wissenschaftlicher Erkenntnis" versteht; denn solche Synthese ist Sache der Wissenschaft selber, und dies ist nicht identisch mit Philosophie.

Philosophie ist eine Form kultureller Leistung; die philosophischen Darstellungen sind Kulturdokumente. Sie gehören daher zum Gegenstand des kulturgeschichtlichen Studiums. Solcherlei *Studium* der Philosophie ist natürlich zu unterscheiden von philosophischer *Ausbildung* des selber Philosophierenden; doch wird gerade diesem die Vertiefung in die Philosophiegeschichte unentbehrlich sein. Für Studium wie für Ausbildung aber ist es notwendig, zu den Quellen hinabzusteigen, und der philosophische *Unterricht*, diene er dem einen oder dem anderen Ziel, kann, nach der historischen Seite, nur darin bestehen, sie zu erschließen. Was aber die Ausbildung zum Philosophieren im besonderen betrifft, so kann sie sich im Studium nicht erschöpfen. Philosophieren „lernt" man nur philosophierend. So wichtig daher, als Anregung und Kontrolle, die Vertrautheit mit den Dokumenten ist, so unerläßlich ist die ständige *Übung*. Voraussetzung ist selbstverständlich philosophische Begabung, das ist unerschrockene *Liebe* zur Wahrheit, welche einschließt den Willen und die Fähigkeit, bedingt von unbedingt zu unterscheiden.

Damit sind die Gesichtspunkte für die sachgemäße Rolle der „Philosophie" an unseren Bildungsanstalten gegeben. Was zunächst das „Studium" betrifft, so gehört es, wie betont wurde, notwendig zum Studium der Kulturgeschichte; wo

Paul Häberlin, Plastik von Susanne Levy

diese – und damit Geschichte überhaupt; denn Geschichte ist Kulturgeschichte – gepflegt werden soll, darf „Philosophie" nicht unberücksichtigt bleiben. Aber selbstverständlich gilt, wie überall, der methodische Grundsatz der Anpassung an das Verständnisalter der jungen Menschen. Wenn man bedenkt, daß die spätere Pubertätszeit die Entwicklungsphase darstellt, in welcher der Jugendliche mit wachsender Bewußtheit um das Lebensideal kämpft, so wird man den Beginn jenes Verständnisalters etwa beim Übertritt in die obere Mittelschule ansetzen müssen. – Aber auch die „Ausbildung" wird – Begabung vorausgesetzt – schon in dieser Zeit zu beginnen haben. Über ihre Methode, wie über die Hilfe, welche hier die Schule oder der Lehrer – etwa bieten kann, läßt sich nichts Allgemeingültiges sagen. Wie übrigens auch die kulturgeschichtliche Seite des philosophischen Unterrichts verschiedene methodische Möglichkeiten offen läßt. Beides gilt für die Stufe des *Gymnasiums* wie für diejenige der *Universität*.

PAUL HÄBERLIN

Werkverzeichnis (Auswahl)

In Buchform sind erschienen:

Herbert Spencers „Grundlagen der Philosophie". Leipzig 1908.
Wissenschaft und Philosophie. Ihr Wesen und ihr Verhältnis, Bd. I: Wissenschaft. Basel 1910
Wissenschaft und Philosophie. Ihr Wesen und ihr Verhältnis, Bd. II: Philosophie. Basel 1912
Über das Gewissen. Basel 1915
Das Ziel der Erziehung. Basel 1917
Wege und Irrwege der Erziehung, Grundzüge einer allgemeinen Erziehungslehre. Basel 1918
Der Gegenstand der Psychologie. Eine Einführung in das Wesen der empirischen Wissenschaft. Berlin 1921,
Kinderfehler als Hemmungen des Lebens, Eltern und Kinder, Psychologische Bemerkungen zum Konflikt der Generationen. Basel 1922
Der Leib und die Seele. Basel 1923
Der Geist und die Triebe. Eine Elementarpsychologie. Basel 1924
Der Charakter. Basel 1925
Das Gute. Basel 1926
Das Geheimnis der Wirklichkeit, Die Suggestion (Beiträge zur speziellen Psychologie I). Basel 1927
Über die Ehe. Zürich 1928
Allgemeine Ästhetik. Basel 1929
Das Wunderbare. Zwölf Betrachtungen über die Religion. Zürich 1930
Das Wesen der Philosophie. Eine Einführung. München 1934
Wider den Ungeist. Eine ethische Orientierung. Zürich 1935
Möglichkeit und Grenzen der Erziehung. Eine Darstellung der pädagogischen Situation. Zürich 1936
Minderwertigkeitsgefühle, Wesen, Entstehung, Verhütung, Überwindung. Zürich 1936,

Leitfaden der Psychologie. Frauenfeld 1937
Naturphilosophische Betrachtungen, Bd. I: Einheit und Vielheit. Zürich 1939
    Bd. II: Sein und werden. Zürich 1940
Der Mensch. Eine philosophische Anthropologie. Zürich 1941
Ethik im Grundriß. Zürich 1946
Logik im Grundriß. Zürich 1947
Kleine Schriften. Zürich 1948
Philosophia perennis. Eine Zusammenfassung. Berlin 1952
Allgemeine Pädagogik in Kürze. Frauenfeld 1953
Das Evangelium und die Theologie. München/Basel 1956
Aus meinem Hüttenbuch. Erlebnisse und Gedanken eines Gemsjägers.
    Frauenfeld 1956
Zwischen Philosophie und Medizin. Zürich 1965
Zum ABC der Erziehung. Zürich 1966
Gedanken zur Erziehung. Zürich 1968

LEOPOLD ZIEGLER

1881 – 1958

LEOPOLD ZIEGLER

Werdegang

Leopold Ziegler kam am 30. April 1881 in Karlsruhe zur Welt. Er studierte an der Technischen Hochschule in Karlsruhe und an der Universität Heidelberg. Er promovierte im Jahre 1903 bei Eucken. Er war Privatdozent in Karlsruhe und Ettlingen. Seit dem Jahre 1918 lebte er in Achberg bei Lindau und ab 1923 als freier Schriftsteller in Überlingen. Im Jahre 1929 wurde er mit dem Goethepreis ausgezeichnet. Aus Anlaß seines 70. Geburtstages wurde er von der Universität Freiburg zum Honorarprofessor, von der Universität Marburg zum Dr. h. c. und Professor ernannt. Die Stadt Überlingen verlieh ihm 1956 den Bodensee-Literaturpreis. Leopold Ziegler starb am 25. November 1958. Im deutschen Oberried wird eine Leopold-Ziegler-Stiftung von Prof. Dr. Franz Vonessen geführt.

LEOPOLD ZIEGLER

Kurz gefaßter Lebensabriß

verfaßt von Leopold Ziegler

Für seine menschlich-geistige Entwicklung waren drei Tatsachen schon früh bestimmt. Als Knabe vermag er auf dem humanistischen Gymnasium mit seinen Kameraden nicht Schritt zu halten und sieht sich von dem Bildungsgange ausgeschlossen, der ihm am gemäßesten war. Als Jüngling erliegt er dem überstarken Einfluß eines Denkers, der nach einem rauschenden Anfangserfolge seinen Zeitgenossen in dem Verhältnis fremd geworden war, wie seine Philosophie, das letzte umfassende „System" des Abendlandes, in sich selbst ausreifte und Jahresring um Jahresring ansetzte. Eben den Jüngling befällt dann auf der Schwelle des Mannesalters tückische Krankheit, die erst nach Jahren ausheilt und die Gehfähigkeit dauernd beeinträchtigt. So setzt sich der Kampf des Knaben gegen eine Schule, die ihm die geliebten Humaniora vorenthält und ihn statt dessen mit angehäuften Realien überfüttert, beim Jüngling fort in einen Kampf gegen die philosophischen Schulen, die um die Jahrhundertwende, mehr oder weniger auf Kant ausgerichtet, Hartmanns Philosophie des Unbewußten als unwissenschatlich verfemt hatten. Wie vorher von der Schule, so jetzt von den Schulen aller Art gleicherweise abgestoßen, tut bei dem ohnehin zu früh auf sich Gestellten und in sich Hineingetriebenen die Krankheit ein übriges, um ihn mit seiner ganzen Zeit und Umwelt in unversöhnlichen Widerstreit zu bringen und darin zu erhalten.

Nicht zufällig beginnt aber das eigene Schaffen mit einer freilich noch völlig von Hartmann umschatteten (wie auch ihm gewidmeten) Studie über das Tragische und seine Metaphysik (1902). Ein Jahr später oder zwei folgt jenem noch auf der Schulbank entworfenen Erstling ein Versuch, das „Wesen der Kultur" im

Geiste klassisch-romantischer Philosophie zu deuten und von der eigentlichen Zivilisation scharf abzuheben. Die abenteuerlich weitgespannte Thematik der Dissertation (von 1905) verrät die beginnende Ratlosigkeit; die Spannung zu Hartmann hin zeigt sich gelockert. An ihre Stelle tritt eine Annäherung an einen Hegel, der allerdings viel mehr von Platon als von Aristoteles her verstanden wird. Das nächste Jahrfünft gehört der inneren Krise, verstärkt durch den Ausbruch der Krankheit, gehört der als Rettung empfundenen Verheiratung und der bedingten Genesung. Aber das erste Anliegen des wieder Arbeitstauglichen gilt der Klärung des Verhältnisses zu Hartmann, wofür jetzt doch zunehmend Kant die Maßstäbe liefert, aber auch eine strenger durchdachte Logik der Induktion. („Das Weltbild Hartmanns", 1910.) Ein Schritt zum eigenen Urteil, eigenen Denken war getan. Weitere Schritte erfolgten von der Peripherie des scheinbar Zufälligen her, des Umgangs mit bildenden und bauenden Künstlern etwa oder eines Frühlingsaufenthaltes in Florenz.
(„Florentinische Introduktion", 1911.; Aufsätze, Abhandlungen und auch ein Gespräch über Probleme der Malerei und Bildhauerei; nicht zuletzt eine Absage an Wagner und sein Gesamtkunstwerk). Der erste Weltkrieg wird zum entscheidenden Anlaß für eine Auseinandersetzung mit den Geschichtsgegebenheiten Nation und Staat, Person und Gesellschaft.
(„Der Deutsche Mensch", 1915; „Volk, Staat und Persönlichkeit", 1916.) Um vieles vordringlicher jedoch erweist sich die Bemühung um eine gesicherte Grundlage der religiösen Überzeugung vorerst diesseits des Christentums und in manchen Stücken noch gegen dieses. So entsteht der zweibändige „Gestaltwandel der Götter" (1920 und 1922); einige Jahre hernach das gleichfalls zweibändige „Heilige Reich der Deutschen" (1925). Fragwürdig im Sinne Hölderlins und Nietzsches erscheint jetzt der deutsche Mensch. Fragwürdig aber auch durchaus der Mensch der Neuzeit, und fragwürdiger noch als beide der Mensch überhaupt. Fragwürdig seine Wirtschaft und Gesellschaft, seine Technik und Zivilisation, seine Erziehung und Bildung. („Zwischen Mensch und Wirtschaft", 1927; „Magna Charta einer Schule", 1928; „Der Europäische Geist", 1929; „25 Sätze vom deutschen Staat", 1931; „Zwei Goethereden und ein Gespräch", 1932.)

LEOPOLD ZIEGLER

Da sich der Mensch indes jederzeit und unter vielerlei Verhältnissen fragwürdig gewesen ist, das Buch Koheleth, die griechischen Tragiker bezeugen es auf ihre Weise ebenso wie der gegenwärtige Nihilismus oder manche Spielarten der Existentialphilosophie, wird ausschlaggebend sein, worin ein Denker diese Fragwürdigkeit jeweils begründet findet. Ziegler macht für sie in der Hauptsache eine tiefe Selbstentfremdung verantwortlich, welche insonderheit den europäisch-neuzeitlichen Menschen befallen hat. Infolge dieser Selbstentfremdung verdunkelt sich das Bewußtsein, was der Mensch sei, fortschreitend in dem Maße als dieser Mensch fortzuschreiten wähnt. Wiederum ist hiermit eine zunehmende Vergegensätzlichung der seelisch-geistigen Verwirklichungsbereiche verbunden. Innenwelt trennt sich von Außenwelt und verzwistet sich mit ihr, Bewußtsein und Unbewußtsein klaffen unversöhnlich auseinander. Die dereinst leidlich mit sich übereinstimmende Wesenheit Mensch erledigt so die gefährlichste aller Aufspaltungen, und in einem den seelenärztlichen Begriff „Schizophrenie" weit überbietenden Sprachsinn erweist sich der Mensch der Weltstunde als „spaltungsmütig". Es ist dieselbe Stunde, da die Astrophysik, bemerkenswert genug, die fortschreitende Entfernung der einzelnen Weltinseln voneinander unterstellt.

Wofern Zieglers allgemeine Annahme zuträfe, wäre ein Weg zur Heilung immerhin aufgewiesen. Denn überall, wo es sich nicht um eine schlechtweg tödliche Krankheit handelt, schließt eine Diagnose auch eine Therapie in sich. Und hier nun, auf höherer Ebene, mit geweitetem Gesichtskreis, kann Ziegler einmal noch an seine Anfänge anknüpfen. Kann er den entscheidenden Versuch wagen, das in sich selbst und in seiner Widersätzlichkeit verkrampfte, ja verhärtete Bewußtsein von den unbewußten, vorbewußten Tiefenschichten und ihren schöpferischsten, will heißen religiösen Antrieben her aufzulockern. Kann er sein Denken und sein Leben, für ihn ein und dasselbe, restlos dafür einsetzen, das absterbende Individuum aus dem Typus (vorzüglich sogar Archetypus) heraus zu verjüngen, und eben den Typus wiederum mittels der verjüngten Individuation emporzusteigern. Diesem Ziele wollen dann die zwei einstweilen noch gesondert erschienenen Hauptwerke dienen, „Überlieferung", 1936 und 1948, „Menschwerdung", 1947. Sie werden, wie früher der „Gestaltwandel der Götter" und das „Heilige Reich der Deutschen", umsäumt von einer Anzahl kleinerer Schriften. Mit Ausnahme von „Apollons letzter Epiphanie", 1937, und „von Platons Staatheit zum christlichen Staat", 1948, harren sie noch ihrer Veröffentlichung.

LEOPOLD ZIEGLER

Von der Muttergottheit
Ein offener Brief (Ausschnitte)

verfaßt von Leopold Ziegler

Anläßlich der neuen, ex cathedra als glaubensverbindlich verkündigten Kirchenlehre von der leibhaften Himmelfahrt Mariens, finde ich mich von Ihnen, meine Herren, aber auch von einigen Freunden zu einer Äußerung aufgefordert. Mit innerem Widerstreben, und nur einem vielleicht doch berechtigten Drängen gehorchend, willfahre ich heute Ihrem und der Freunde Wunsch. Zugleich mit dem doppelten Vorbehalte, weder Kritik an dem neuen Dogma zu üben, welches ich als die ausschließliche Angelegenheit der Römisch-Katholischen Kirche betrachte und achte. Noch überhaupt eine Stellung zu beziehen gegenüber einem Problem der Mariologie, die ihrerseits von der papalen Entscheidung einen Auftrieb von kaum abzuschätzender Kraft empfangen haben dürfte. Denn wenn die Verkündigung eines Dogmas für die in ihm aufgeschatzten und hinterlegten Glaubenswahrheiten gemeinhin den jeweiligen Abschluß langjähriger Bewegungen besiegelt – das Dogma fixiert und definiert in der Buchstäblichkeit beider Worte! – so vermag unter Umständen doch eben dieses eine Vergangenheit abriegelnde Ereignis seinerseits zukünftige Ereignisse auszulösen. Erste Rückwirkungen auf evangelischer Seite scheinen dies zu bestätigen; die Rückwirkungen in der Ostkirche bleiben abzuwarten. Abzuwarten insonderheit, ob man hier das in Frage stehende Dogma als einen Schritt zur eigenen Mariologie hin aufzufassen geneigt sein wird oder als eine abermalige Entfernung von ihr, um nicht zu sagen Entfremdung. Eines wird man sowohl im evangelischen wie im orthodoxen Lager dem jüngsten Dogma zubilligen müssen – die echt römische Folgerichtigkeit nämlich. Denn die Lehre von der leibhaften Himmelfahrt Mariens entspricht genauestens der ihr vorgängigen von der makellosen, von der unbefleckten Empfängnis: entspricht ihr, ergänzt und krönt sie insofern, als beide zusammen die grundsätzliche Beausnahmung der Gottesmutter von der Zugehörigkeit zum adamitischen, also erbsündigen Geschlecht und Samen kenntlich machen. Gerade hier setzen indes meine Zweifel ein, ob die Ostkirche das zweite marianische Dogma wird bejahen können, nachdem sie überzeugt war, das erste verneinen zu müssen. Maria aus der lückenlosen Erb- und Geschlechterreihe adamitischer Menschheit gleichsam eigenschaftlich herauszuheben, widerstrebt ihr. Und das ist freilich Grund genug, die Wahrscheinlichkeit nur gering zu veranschlagen, die Ostkirche werde dem zweiten Dogma eher zustimmen als dem ersten.

Doch lasse ich dieses dahingestellt und beschränke mich allein auf einen Stegreifversuch, das große und ewige Anliegen in und hinter der neuen Glaubenslehre zur Sprache zu bringen. Ich meine das Anliegen der Muttergottheit als solcher, diesseits wie jenseits der einzelnen Bekenntnisse. Unstreitig zählt dieses Anliegen zu den ältesten und vordringlichsten des religiösen Bewußtseins überhaupt, das erst in den Wirren der Reformation wo nicht geradezu in Vergessenheit geriet, so doch vom Schauplatz der jetzt entbrannten Glaubenskämpfe abgedrängt wurde. Daran haben augenscheinlich die zeitweilig von Wittenberg sehr ernstlich eingeleiteten Bestrebungen nichts ändern können, mit der Ostkirche eine engere Verbindung einzugehen, wo die Mutter fürwahr die Unvergessenheit-Unvergeßlichkeit im Vollsinne griechischer „Aletheia" von jeher geblieben war. Dieses zwar in beinahe merkmalgebendem Unterschied zu der geschichtlich jetzt führenden Welt des Protestantismus, wo das Vergessenwerden der Mutter vermutlich die Kehrseite war einer in den Völkerseelen unerklärlich um sich greifenden Übersteigerung und Überwertung alles Männlichen, Willensmäßigen, Tathaften, wie sie ihrerseits eine Minderschätzung alles Ewig-Weiblichen, Gebärerisch-Empfangenden, Wachstümlich-Reifenden durchaus bedingte. In der Seele der westlichen Menschheit hatte sozusagen die harte Tonart über die weiche gesiegt; Renaissance und Konquista, Reformation und Gegenreformation, Kalvinismus und Kapitalismus, absoluter und nationaler Staat sind Begriffe, die diesen entscheidenden Befund umschreiben.

*

LEOPOLD ZIEGLER

Und doch war dieser in der europäischen Seele entfachte Kampf um „der Mutter leuchtendes Inbild" nichts weniger als eine zeitgeschichtliche Neuheit. Vielmehr erweist er sich dem schärferen Zusehen lediglich als die Wiederholung eines wer weiß wie alten Kampfes, den das Christentum bereits bei seiner Entstehung, und nicht zuletzt kraft seiner Entstehung! gewissermaßen als sein Gesetz antritt mit dem Gruße der Planeten. Denn unleugbar bricht ja das Christentum als Evangelium des Sohnes, sei es Gottes, sei es des Menschen, in die Welt der alten Völker, Welt der Heiden ein, die wesentlich eine Welt der Großen Mutter ist; unerachtet sogar des mit dem Aufstieg der römischen Republik zunächst obsiegenden Patriarchats. Mitten in diese Mutterwelt hinein muß sich das Evangelium Jesu Christi eine Gasse bahnen, er wohl von Vaters wegen der Einiggezeugte und Eingeborene von allem Anfang, allem Ursprung an, aber in der Zeitlichkeit empfangen und ausgetragen lediglich von einem menschlichen Mutterleibe zum Behufe der eigenen Menschwerdung. Die hieraus fließenden Schwierigkeiten vermögen wir notdürftig zu ahnen, wenn wir uns Rechenschaft ablegen, daß von der Vaterseite her der Sohn als ein echtes Metaphysikum beglaubigt ist, oder, wenn Sie mir dies Wort verstatten, als ein echtes Ontikum, das auf Grund seiner Doppeleigenschaft als Offenbarungsträger – Logos = Eröffner – und Erlösergott von Anfang an mit dabei ist, mit dem abgründigen Schöpfer- und Erhaltergott „gleichwesentlich". Beide überdies die gleich unentbehrlichen Schlüsselzeichen zur Deutung gewisser Ansichtigkeiten des seienden Seins.
Wie anders dagegen die evangelische Mutter Jesu! Von zwei Ausnahmen abgesehen, der Verkündigung nämlich des Engels und der Schilderung in der Geheimen Offenbarung, wo der Widersacher die Gottgebärerin in die Wüste hetzt, lebt und wirkt Maria still und unauffällig in dem herkömmlichen Raum der Geschichte. So still, so unauffällig, daß einige harten Worte Jesu, die eine unüberbrückliche Kluft zwischen Sohn und Mutter anzudeuten scheinen, noch heute empfindsamen Gemütern wehe tun. Daß jedenfalls aber dieselbe Stille und Unauffälligkeit der gesprächsweise von einem protestantischen Geistlichen zum Ausruck gebrachten Behauptung zumindest nicht widerstreitet: in den Urkunden des Neuen Bundes zeige Maria weder Gesicht noch Mund. In welcher Behauptung übrigens ein Unterton von Trauer vernehmlich mitschwang,

Handschrift von Leopold Ziegler

wohl weil uns beiden in diesem Augenblick bis zur Beklommenheit fühlbar wurde, was eine unberatene Theologie aufs Spiel setzt, wenn sie darauf besteht, das Evangelium zu „entmythisieren" und damit die Mutterlauge – Mutter-Lauge! – auszuschütten, der der Kristall entwächst.
Wie dem indessen sei – die Muttergottheit der palästinensischen Nachbarschaften bis zum Zwischenstromland oder Nil war nichts weniger als entmythisiert. Sie strotzt vielmehr vom Reichtum der Urbilder, die auch dort, wo sie nicht geradezu ein Metaphysikum, ein Ontikum symbolisch vergegenwärtigen, immerhin echte Arche- und Prototypen bleiben und zeichenhaft für die Wahrheit stehen. Anderseits versteht sich leicht, daß diese oder jene Muttergestalt Züge trägt, die sie dem Evangelium von vornherein unannehmbar machen. Hierzu zählt notwendig alles Aphroditisch-Erotische, selbst wo es von der griechischen Philosophie in die Sphäre eines völlig entsinnlichten Schönen an sich eidetisch entrückt wird. Im gleichen alles, was eine Hekate zur Hölle hinabzieht und dadurch in ihr eine Anverwandte der um vieles größeren Kâlî der Hindus vermuten läßt, die ihrerseits dem heute langsam verdämmernden Zeitalter Kâlî-Yuga den unheilkündenden Namen gibt. Schlechthin die völkerwürgende Wider-Mutter, wie wir sie heißen dürften, muß sie so zwar vom Evangelium ausgeschlossen sein. Mit nichten aber gleicherweise von der Apokalypse, wo eben die Wider-Mutter die Gestalt der Porne Babylon, ja des aus dem Meere aufsteigenden Wildtieres annimmt, des Abgrunddrachens, und solchermaßen ihre Stelle auch in der Eschatologie und Satanologie für immer bezieht. Strittig hingegen wäre, ob man in etwa die herrliche Pallas eines verewigten Athens den eigentlichen Muttergottheiten zuzurechnen das Recht hat. Auf einer tieferen Stufe unverkennbar eine der noch impersonalen Schicksalsweberinnen wie Parze oder Norn, treten ihre mütterlichen Züge später hinter denen der herben Jungfrau mehr und mehr zurück. Und da sie mit dem Handwerk des Friedens und der Kunst, das des Krieges und der Waffen weiblich-männlich vereint und überdies ihren Lieblingen mit einer entschieden praktischen, ja politisch-taktischen Weltklugheit zur Seite steht, ist auch sie unter den Zuhörerinnen der Bergpredigt nicht denkbar. Von jeher war es mir indes ein Stachel im Geist und Gemüte, daß das außer Vergleich erhabenste Mythologem mittelmeerischer Mutter-

gottheiten in der doppelten Gestalt der irdisch-unterirdischen Demeter-Kore durch keine Pforte Einlaß ins Evangelium gefunden. Oder vielleicht doch einen Einlaß durch eine Pforte, die man nicht bemerkt hat oder nicht bemerken wollte? Jedenfalls steht außer Zweifel, daß der evangelische Herr die ihm vor Beginn seines Leidens zugeführten Griechen – welche Notwendigkeit mochte ihnen den Wunsch nach solcher Annäherung mit solcher Unwiderstehlichkeit eingeben? – daß er diese Griechen also tief anzüglich in der Gleichnissprache des Eleusischen Mysteriums anredet und eben dieses daher „bis ans Ende der Weltzeit" mit dem Mysterium von Golgatha unauflöslich-erlöserisch vermählt. Aus ungleich blasseren und harmloseren Stellen der Schrift, so dünkt mich, hat man Folgerungen weittragender Art gezogen, während man hier einen Wink Jesu nach wie vor ungenützt läßt, der uns einlädt, von der uns verheißenen Freiheit der Kinder Gottes den erlaubtesten Gebrauch zu machen. Nämlich Antike und Christentum von ihrer gemeinsamen, in Wahrheit mysterio-mystischen Mutterwurzel aus endlich und endgültig zu versöhnen. (Bloß eingeklammert und bloß beispielsweise werfe ich die Frage auf, ob denn der Schritt von der Erdmutter Demeter zur Maienkönigin Maria in Wahrheit ein unvollziehbarer sei?)

Restet noch eine letzte Erscheinungsweise der Muttergottheit im vorderasiatisch-mittelmeerischen Gelände. Es ist die der Gottgebärerin, ist die der Theotokos, deren aber ja bereits Erwähnung geschah, wofern wir ihrer in der Johannesapokalypse ansichtig geworden waren. Der Widersacher und Abgrunddrache, auch der Durcheinanderwerfer, Diabolos, genannt, verfolgt die Mutter, nach des Kindes Entrückung in den Himmel, bis dahin, wo die Erde sie vor der Überflutung rettet. So wird sie uns gezeigt als in einen Kampf verwickelt, der sich auf mehreren Ebenen des Seins eschataologisch wie historisch-mythisch abspielt und die Maria der Evangelien durchaus metaphysisch-ontisch sowohl vertieft wie überhöht. Ist auch sie nur von außenher in die Seinsmitte des Evangeliums, die Apokalypse und Eschatologie heißt, von ungefähr hineingesogen worden, kraft einer seelisch-geistigen Osmose zwar, wie sie im Völkerleben nicht selten beobachtet werden kann? Oder wäre es jetzt nicht an dem, uns auf den nicht ganz nebensächlichen Tatbestand zu besinnen, daß das Ur- und Inbild der Mutter auch im Gott-Weltbewußtsein der Hebräer mit nichten fehlt oder ausgefallen ist? Daß wir in der Folge unsere vorige Annahme nachträglich berichten müssen, sie, die Mutter sei den Völkern der Heiden allein heilig gewesen, aber Israel und Juda, wenn nicht ein Ärgernis, eine Unbekannte, eine Ungewußte? Mag man immerhin die Große Mutter als Mythologem vorzugsweise im Zwischenstromland beheimatet glauben, in Kleinasien und Ägypten, in Hellas und Rom – um von den zahllosen Frühvölkern der überhaupt bewohnten Erde zu schweigen – auch in der Bibel begegnen wir der Muttergottheit. Begegnen wir ihr in den Büchern des Alten Bundes als einem dem Vollgehalt des Wortes nichts mehr schuldig bleibenden Metaphysikum.

*

Die zwei für das Metaphysikum der Muttergottheit entscheidenden Hieroglyphen sind die Ruah Elohim des „Buches im Anfang" und die Chokmah-Sophia des „Buches der Weisheit". Ob und inwiefern sie beide, Geistbraus und Weisheit, auf ein Wesenselbiges hinzeigen, getraue ich mir nicht zu beurteilen, im gleichen auch nicht, ob und inwiefern sie beide in die Theotokos der Geheimen Offenbarung Johannis mit ein- oder gar aufgegangen sind. Genug, daß just die Apokalypse immer wieder die bisher allzu wenig genutzte Gelegenheit bietet zu einer Mariologie, welche der historischen, mythischen, eschatologischen und mystischen Seite des Mysteriums gleichermaßen gerecht wird. Was ich indes wahrzunehmen glaube, ist der allerdings verwunderliche Umstand, daß Ruah Elohim und Chokmah-Sophia zwar weder aus der hebräischen noch aus der christlichen Theologie jemals fortgelassen werden können: aber dem religiösen Bewußtsein des Okzidents trotzdem nicht als die ur- und inbildliche Muttergottheit jemals eingeprägt worden sind. Es ist, als verlöre sich die in unserem heiligen Schrifttum älteste Spur der Mutter immer wieder auf lange Strecken, vergleichbar einer Persephone-Kore, die der Totenfürst im Kreislauf der Gezeiten eh und je in die Unterwelt entrafft. Diese bald bis zur Unleserlichkeit verlöschte, bald bis zur Überdeutlichkeit lesbare Spur der Mutter aufzunehmen und ihre Witterung niemals zu verlieren, gehört für mich zu den erregendsten Abenteuern gottsuchender Geister. Sie, die Herausgeber des „Merkur", in dieser Eigenschaft daran teilnehmen zu lassen, ob auch bloß in stichwortähnlicher

Abkürzung, sei jetzt noch ein Versuch gewagt. Seine Vermessenheit kann auch Sie nicht heftiger erschrecken, als sie mich selbst erschreckt. Nehmen Sie also fürlieb mit fünf, sechs Sätzen, die ich sozusagen vom Boden aufhebe, um sie wie mit einer Schleuder dem Ziele zuzuwerfen.

Erstens: Das sehr alte hebräische Metaphysikum der Chokmah-Sophia, möglicherweise mit dem wo nicht sinngleichen, so doch sinnverwandten Metaphysikum der Ruah Elohim aus ein und derselben Wurzel wachsend, findet Eingang und Zuflucht, Würdigung und Bewahrung in der jüdischen Mystik der Kabbala. Als die eigentliche Geheimüberlieferung der Judenheit stellt sie die Entsprechung dar zu der Apokalypse genannten Geheimen Offenbarung der Christenheit.

Zweitens: Setzt man die geschichtliche Hochblüte der kabbalistischen Mystik für das Hochmittelalter an, kaum in zufälliger Gleichzeitigkeit übrigens mit dem in der Fülle prangenden Sommer auch der christlichen Mystik, dann geschieht es zu Beginn der Neuzeit, daß die „teutonische" Theosophie Jakob Böhmes diese beiden Großreiche westlicher Mystik vereinigt. Seiner einmaligen Zusammenschau gelingt es, die von den kirchenförmlichen Theologen sei es übersehene, sei es übergangene Chokmah-Sophia in die Mitte der wirklich so zu nennenden Welt-Geschichte zu rücken, indem er die Weisheit dem Menschen an sich oder Ersten Adam als dessen ihm eh und je zubestimmte Braut angelobt sein läßt.

Drittens: Wenn schon es berechtigt sein mag, dem Westen (in engerer Abgrenzung) sein allzu unbekümmertes Übersehen-Übergehen der biblischen Chokmah-Sophia vorzuhalten, gilt keineswegs vom Osten (in engerer Abgrenzung) ein gleiches. Denn nicht zuletzt das wesenhaft Sophianische unterscheidet die Christlichkeit Eurasiens fast merkmalgebend von der Europas oder gar Amerikas. Die fortschreitende Entfremdung beider wird außerdem noch dadurch gefördert, daß in Rußland, dem Mütterchen, die Chokmah-Sophia der Bibel auf ein noch unverbraucht Demetrisches stößt, ja auf ein unheimlich drohend

Chthonisches, dessen Fürchterlichkeit sich in der von Gogol her bekannten Sagen-Ungestalt des Wij verleiblicht. So fließen in der orthodoxen Muttergottheit sophianische, demetrische und chthonische Quellkräfte zusammen, durchdringen und mischen sich auf einzigartige Weise. Sophia ist und bleibt wohl auch hier die Weisheit, die Königin des Himmels, die Jungfrau in der Höhe. Aber als Demeter, Erdmutter und Muttererde empfängt und gebiert sie das göttliche Kind. In diesem letzteren Bezug hat mich in Fedor Stepuns lebens- und zeitgeschichtlichen Denkwürdigkeiten kaum etwas stärker angerührt als das Geständnis eines moskauer Schauspielers beim Abschied von seinem Freunde kurz vor dessen Ausweisung: „Aber ich glaube mit Dostojewskj und allen meinen Vorfahren fest daran, daß die Erde die Gottesgebärerin ist" ...Wiederum tut uns die altrussische Totenklage dieselbe Muttergottheit in ihrer dunklen Unterweltsbezüglichkeit als eine „schwarze Madonna" kund, die im Totenreiche waltet. Dies alles zusammen umspannt, in Schichten sich auf- und überstufend, der Inbegriff des orthodox Sophianischen; dies alles zusammen birgt, verbirgt und entbirgt er.

Viertens: Nach manchen, für mich indes nicht nachprüfbaren Berichten, scheint Böhmes Sophienmystik, wenn ich so sagen darf, dem im zeitgenössischen Rußland nicht ganz unbekannt geblieben zu sein. Geschichtswichtigkeit gewinnt sie aber erst mit ihrer Hineinverarbeitung in die mit einigen Vorbehalten „romantisch" zu nennende Philosophie Deutschlands. Denn durch den nämlichen Oetinger vermittelt, der den Swedenborg in seiner schwäbischen Heimat einzubürgern trachtet, gelangt jetzt die Sophienmystik Böhmes in den Gesichtskreis Baaders und Schellings. Um dann von ihnen mit jener Leidenschaftlichkeit und Nachhaltigkeit angeeignet zu werden, die sich dort jeweils einstellen, wo seelenverwandte Geister einander begegnen. Doch während Baader, in den zwanziger Jahren auf dem Sprung, St. Petersburg und damit auch Alexander den Ersten zu erreichen, sein Ziel im letzten Augenblick aus Mißgeschick, vielleicht auch Unbedacht verfehlt, wird Schelling ohne eigenes Dazutun vom Glück begünstigt. Oder genauer geredet: nicht sowohl Schelling selbst als seine späte Philosophie der Mythologie und Offenbarung. Übt diese nunmehr doch eine unwiderstehliche Anziehungskraft aus auf Sergej Jurjew, den älteren Freund des größten religiösen Denkers Rußlands, Wladimir Solowjow, und mittelbar auch bald auf diesen selbst. In einem ohne das Beispiel Baaders tatsächlich beispiellosen Ringen hatte der alternde Schelling von den kabirischen und kabbalistischen Mysterien wie von der Sophienmystik Böhmes her den Zugang in das Heiligtum der Mutter sich gebahnt. Und wäre mir ein Paradox erlaubt, so scheute ich vor der Behauptung nicht zurück, er habe mit dieser Sophienmystik auf höchster Stufe metaphysisch-theologischer Besinnung dem Rußland Jurjews, Dostojewskjs, Solowjows das zurückerstattete, was ihm von jeher ureigentümlichster Besitz war. Inwieweit freilich die Ereignisse von 1917 diese Entwicklung abgedrosselt oder vielleicht doch nur ins Unterschwürige abgedrängt und umgeleitet haben, weiß zur Stunde niemand. Genug, daß damals die Mutter im Vaterland der Böhme, Schelling, Baader, Görres, Bachofen die Mutter der Matuschka Rossija kraft unveräußerlichen „Mutterrechtes" mit der Seele sucht und mit der Seele findet: Europas große Mutter die Eurasiens. Einmal ist solches geschehen, und von einem solchen Einmal hat man wohl ja nicht ohne Fug behauptet, es sei das Immer ...

Fünftens: Da Schellings Sophienmystik in den Hauptzügen für diejenige Solowjows, soviel ich sehe, bestimmend wurde, seien mir noch einige wenige Andeutungen über sie vergönnt. In dreifacher Hinsicht sichert diese Mystik der Muttergottheit ihren metaphysischen Rang. Zunächst kosmogonisch, wofern die Mutter in Gestalt der Chokmah-Sophia oder der Weisheit das von Schelling lang vermißte „Mittlere" und Mittelnde darstellt zwischen dem an sich und in sich noch unaufgeschlossenen Schöpfergott diesseits seiner eigenen Schöpfung und der ihn entsiegelnden, ihn entäußernden Schöpfung. Zugleich mit dieser in der Treue des Buchstabens kosmogonischen Leistung der Mutter-Weisheit – die nach Schellings Urteil die sich selbst immer wieder aufwerfende Frage nach dem „Daß" einer Welt zwar niemals völlig aufhellt, aber immerhin doch einer Beantwortung annähert – zeigt sich indes gleich noch eine eschatologische Leistung verknüpft. Denn ein und dieselbe Weisheit, welche die Welt dereinst ins Dasein rief, wird sie eines Tages, am „Jüngsten Tage", ihrem Schöpfer auch zurückbrin-

Leopold Ziegler in seiner Hausbibliothek

gen, und dieses im Stile zwar einer origeneischen Apokatastasis Panton oder Wiederbringung des Ganzen ins Ganze. Wobei der Tatbestand stark ins Gewicht fällt, daß eben diese Apokatastais, eben diese Wiederbringung, dem orthodoxen Denken, Fühlen, Glauben von jeher um vieles annehmbarer ist als dem katholischen mit seiner geschichtsurkundlichen Abneigung gegen alles, was an Gnosis und Gnostik auch nur im entferntesten gemahnt. Ein drittes Vollbringen noch obliegt der Chokmah-Sophia dann folgerichtig als die allmähliche Metamorphose, auf deutsch Überwandlung, Höherwandlung, der Welt im Vollsinn des apostolischen „Wir werden verwandelt werden": sei es charismatisch, sei es mystisch-alchimistisch. Dieses der Stieg der Welt, der ihrem Sturz von Gottes Höhe in des Widergottes Abgrund die Waage hält. Er bleibt, nach Böhmes Lehre, die man hier stets vor Augen haben muß, dem Ersten Adam dadurch gesichert und verbürgt, daß er der Weisheit als seiner Braut schon von Anfang her zubestimmt und verlobt ist. Trotz der auf Weltzeit „gebrochenen Eide" wird Adam der heiligen Hochzeit mit der Sophia unaufhaltsam entgegenreifen. Sie, Sophia, die Weisheit, nicht Eva Chawa, das ist „Leben", wird ihm am Tage der Wiederbringung die Hand zum Bunde reichen, als die mit dem Glanz der Sonne bekleidete Himmelsjungfrau, wie sie Solowjows ekstatische Schau erblickt.

Was mich persönlich betrifft, hege ich übrigens keinerlei Bedenken, von dieser Gedankenführung der Böhme, Schelling, Solowjow her das Dogma von der Himmelfahrt Mariä als ein den Begriff allerdings hoch übersteigendes Symbol zu nehmen. Denn als Symbol genommen, gibt es unstreitig ja eine von der Mutter, der Weisheit selbst ins Werk gesetzte „Himmelfahrt". Gibt es eine metaphysische-mystische Über- und Höherformung der Welt. Gibt es ihre Verklärung und Veredelung im Zeichen der Sophia nämlich! Gesetzt, man billige auch uns, die wir in einem Außerhalb der geschichtlichen Kirchen und ihrer Bekenntnisse stehen, nicht jedoch in einem Außerhalb des mystischen Leibes Christi, überhaupt einen Anteil an den christlichen Offenbarungswahrheiten zu. Unter der nämlichen Voraussetzung – nicht zuletzt aber in Rücksicht auf den seit Jahrhundertbeginn sich tiefer und tiefer in die Völkerseelen einfressenden Weltbrand und seine allumschmelzende Kraft – wage ich auch auf die Zusammenschmelzung der östlichen Sophienmystik mit der westlichen Marienmystik zu hoffen.

LEOPOLD ZIEGLER

Habe ich nötig, noch ein Sechstes anzuhängen? Nötig etwa zu erhärten, daß das bedauerlicherweise abgebrochene westöstliche Gespräch einzig von hier aus wieder in Fluß gebracht werden könnte? Einzig im Haus der Großen Mutter also, das, mit der Kabbala zu reden, nicht nur die Stätte der gebrochenen Eide, sondern auch die Stätte der Versöhnung ist? Daß jeder andere Versuch, es neuerdings in Fluß zu bringen, in eitler Geschwätzigkeit verflachen muß? Daß es unter keinen Umständen von der Machtseite her zu führen ist, sondern wesensgemäß bloß aus der Vollmacht, der Exousia? Daß immer nur dort, wo diese Vollmacht selber das Wort ergreift, die Seelen der Völker einander vernehmlich werden, und so sich ihrer gemeinsamen Wahrheit gemeinsam öffnen? Daß lediglich im Zeichen der Weltversöhnerin, Weisheit und Mutter sogar das mit einigem Nutzen erörtert zu werden vermöchte, was heute Europa von Eurasien am unversöhnlichsten scheidet? Ich meine einen Kommunismus, der vorgibt, eine Communitas zu sein, und doch keine Communitas ist? Genug und übergenug. Denn gerade diese Verfänglichste und doch auch zugleich Notwendigste versteht sich für die von selbst, welche mit den Gedankengängen Platons über die Urgesellschaft „unter Tage" einigermaßen vertraut sind. Und überdies ein wenig auch mit der dem platonischen und christlichen Staat gewidmeten Studie des Schreibens dieser Zeilen.

*

Mit einiger Zurückhaltung, ja Scheu sei ein Letztes gerade noch berührt, das in evangelischen Kreisen Besorgnis erregt und Widerspruch herausgefordert hat. Ich ziele auf die mehrfach geäußerte Meinung, die leibhafte Himmelfahrt Mariens träte in einen der Eindeutigkeit der christlichen Heilsbotschaft abträglichen Wettbewerb mit der Himmelfahrt Jesu. Dies zwar insofern, als deren schlechthinnige Einmaligkeit und Unvergleichlichkeit schlechthinniger Inhalte des Christentums, nämlich „Christus", ein für allemal sei. Denn ist Maria, so schließt man dabei, in Wahrheit leibhaft aufgefahren, dann überhöht sie mit ihrer eigenen Himmelfahrt die des Sohnes grundsätzlich! Dann stellt sie unfehlbar Christis Erlösertat in Frage, wenn anders sie sie nicht geradezu überflüssig macht.

Was es mit dieser Gedankenführung auf sich habe, die mit einer Handbewegung nicht abgetan ist, lasse ich in der Schwebe. Dagegen könnte ich mir denken, daß aus der als Gegebenheit nunmehr hinzunehmenden neuen Glaubenslehre der umgekehrte Schluß mit nicht minderem Recht zu ziehen wäre. Er ungefähr dahin lautend, daß die Himmelfahrt Jesu just das zu ihrer unabdingbaren Voraussetzung habe, was der Himmelfahrt Mariä laut Lehrbegriff gerade fehlt. Nämlich die vorgängige „Todesleistung", um diesen von Albert Schweitzer auf die christliche Taufe gemünzten Begriff hier anzuwenden. Entscheidend für die Heilsgeschichte ist danach gar nicht die Himmelfahrt als solche, sondern die Todesleistung der Kreuzigung, Grablegung und Auferstehung. Was aber diese Himmelfahrt betrifft, kann sie eine leibhafte nur in dem einzig-einmaligen Sprachsinn sein, daß Jesus den Tod, ihn freiwillig als die bittere Notwendigkeit erleidend, eben hierdurch auch überwindet. Will meinen, daß er die ihm als sterblich angeerbte Leiblichkeit des Ersten Adam hinüberformt in die Unsterblichkeit des Zweiten, und sohin auch „verklärt". Fürwahr nicht zufällig oder beiläufig läßt ja das Evangelium den Auferstandenen vierzig Tage lang noch auf Erden weilen und den Seinigen je nach Wahl und Willen „erscheinen", jenseits des Grabes ist er offenbar mit einer anderen Leiblichkeit bekleidet als der grobsinnlich-grobstofflichen diesseits seiner. Mit hoher Folgerichtigkeit verkündet daher der orthodoxe Priester in der Ostermitternacht – nicht jedoch am Tag der Himmelfahrt – der Gemeinde als eigentliche Heilsbotschaft: „Christos voskrese iz mertnych, Der Christ ist auferstanden von den Toten". Derart empfängt auch das anschließende „Aufgefahren gen Himmel" seine ganze Bedeutungsfülle immer nur von dem „Gekreuzigt, Gestorben und Niedergefahren".

Zusammenfassend gesagt – im Innenreich des Dreieinigen Gottes gibt es weder Wettstreit noch Widersatz. Auch nicht Wettstreit und Widersatz zwischen Mutter und Sohn, und erst recht nicht zwischen der Himmelfahrt beider, wenn wir sie „im Geiste" verstehen, statt nach dem Buchstaben. In Ewigkeit rettet Jesus-Christos-Theou-Hyios Soter die Welt, indem er ihres Todes stirbt und Welt und Tod hierdurch besiegt und überwindet. In Ewigkeit gebiert die Chokmah-Sophia, die Theotokos-Maria den Helfer und Erretter, den Sohn.

LEOPOLD ZIEGLER

Werksverzeichnis (Auswahl)

Zur Metaphysik des Tragischen. Eine philosophische Studie. Leipzig 1902.
Das Wesen der Kultur. Leipzig 1903.
Der abendländische Rationalismus und der Eros. Jena 1905.
Das Weltbild Hartmanns. Eine Beurteilung. Leipzig 1910.
Florentinische Introduktion. Zu einer Philosophie der Architektur und der bildenden Künste. Leipzig 1912.
Der deutsche Mensch. Berlin 1915.
Volk, Staat und Persönlichkeit. Berlin 1917.
Spätlese eigener Hand. München 1953.
Edgar Julius Jung. Denkmal und Vermächtnis. Wien 1955.
Aus dem Kreis geschnitten. Konstanz 1956.
Das Lehrgespräch vom allgemeinen Menschen in 7 Abenden. Hamburg 1956.
Reinhold Schneider - Leopold Ziegler, Briefwechsel. München 1960.
Dreiflügelbild. Gottfried Keller, Heinrich Pestalozzi, Adalbert Stifter. München 1963
Briefe, 1901 – 1958. München 1963, 2. Aufl. St. Augustin 1997
Gestaltwandel der Götter. Berlin 1920.
Der ewige Buddho. Ein Tempelschriftwerk in 4 Unterweisungen. Darmstadt 1922.
Das Heilige Reich der Deutschen. 3 Bücher in 2 Bänden. Darmstadt 1925.
Zwischen Mensch und Wirtschaft. Darmstadt 1927.
Magna Charta einer Schule. Darmstadt 1929.
Der europäische Geist. Darmstadt 1929.
Fünfundzwanzig Sätze vom Deutschen Staat. Darmstadt 1931.
Zwei Goethereden und ein Gespräch. Leipzig 1932.
Überlieferung. Leipzig 1936.
Apollons letzte Epiphanie. Leipzig 1937.
Vom Tod. Essay. Leipzig 1937.
Menschwerdung, 2 Bände. Olten 1947.
Von Platons Staatheit zum christlichen Staat. Olten 1948.

LEOPOLD ZIEGLER

Goethe in unserer Not. Rede, gehalten zu Wiesbaden am 28. August 1949 bei der Goethefeier des Landes Hessen. Leutstetten 1949.
Klassik und Morphologie. Leutstetten 1949.
Die Welt des Organismus. Leutstetten 1949.
Die neue Wissenschaft. Universitas aeterna. München 1951.

FRITZ MAUTHNER

1849 – 1925

FRITZ MAUTHNER

Werdegang

Fritz Mauthner kam am 22. November 1849 in Horice bei Königsgrätz in Böhmen zur Welt. Im Jahre 1855 übersiedelte die Familie nach Prag. Nach der Matura begann Fritz Mauthner ein juristisches Studium an der Prager Universität. Er übernahm die Tätigkeit in einer juristischen Kanzlei. Im Jahre 1878 begab sich Fritz Mauthner nach Berlin, wo er Mitarbeiter des Berliner Tagblattes und des Deutschen Montagblattes wurde. Im selben Jahr heiratete Fritz Mauthner Jenny Ehrenberg. Erste Bücher erscheinen, unter anderem das berühmte Werk „Nach berühmten Mustern". Mit Otto Neumann gab er 1891 das Magazin für Literatur heraus. 1896 starb seine Frau. Im Jahre 1905 übersiedelte er nach Freiburg, wo eine enge Freundschaft mit Gerhard Hauptmann entstand. 1907 Beginn von naturwissenschaftlichen und mathematischen Studien an der Universität in Freiburg. Dort Begegnung mit Hedwig Straub, seiner späteren zweiten Gattin, mit der er 1908 seine Arbeit am „Wörterbuch der Philosophie" begann. Im Jahre 1909 übersiedelte er mit ihr ins Glaserhäusle nach Meersburg. Ein Jahr später heiratete er Hedwig Straub. 1919 wurde Fritz Mauthner Ehrenbürger von Meersburg. Teilnahme am Meersburger Kirchenstreit. Im Jahre 1921 übernahm er die Leitung von philosophischen Seminaren in der Meersburger Kantgesellschaft. Am 29 Juni 1925 starb Fritz Mauthner in Meersburg.

FRITZ MAUTHNER

Fritz Mauthner, der schwierige Kritiker

Elisabeth Leinfellner und Hubert Schleichert

„Totgesagte leben länger", sagt ein Sprichwort. Mauthners philosophisches Werk wurde viele Male totgesagt, zuletzt 1975 von Joachim Kühn, der Mauthners minutiös recherchierte Lebensbeschreibung mit dem Titel „Gescheiterte Sprachkritik" versah. Auch wenn „Scheitern" im deutschen Sprachraum ein Lieblingswort geworden ist, so ist ein solcher Buchtitel doch ein Unikum. Aber seltsam: Dieser Autor erfährt Jahrzehnte nach seinem Tod immer noch Neuauflagen und wird immer wieder zitiert. Ablehnung seines philosophischen Werkes und Interesse an ihm, Pro und Contra stehen einander nach wie vor gegenüber. Diese zwiespältige Haltung kann gelegentlich auch in einer Person vereint erscheinen: 1902 schrieb Theodor Lessing in der Zeitschrift „Die Gesellschaft" eine eher negative Kritik von Mauthners „Beiträge zu einer Kritik der Sprache"; in seinem Buch „Der jüdische Selbsthaß" von 1930 bezeichnete er Mauthner als einen „bedeutenden Denker" und stellte ihn in eine Reihe mit Dessoir, Mach, Maximilian Harden, Simmel, den Vertretern der Psychoanalyse, Bergson, Alois Höfler und Cassirer.

Fritz Mauthner wurde am 22. November 1849 in Horzitz (Horitz, Horice) in der nachmaligen (heute schon wieder seinerzeitigen) Tschechoslowakei geboren. Seine Eltern waren assimilierte Juden mit einer nur mehr formellen Beziehung zur jüdischen Religion. Auch Fritz Mauthner fühlte sich vollständig und ausschließlich der deutschen Sprache und Kultur verbunden; nur hie und da wird er später an dieser Identifikation zweifeln. 1855 zieht die Familie Mauthner nach Prag; Fritz Mauthner schreibt später voller Bitterkeit über die schlechten Schulen, die er dort besuchte. Von 1869 an studiert er in Prag Rechtswissenschaft, ohne dieses Studium jemals abzuschließen. Von 1907 an, also im Alter von 58 Jahren, besucht er in Freiburg Vorlesungen über Mathematik und Naturwissenschaflen.

In die frühe Prager Zeit fallen erste, zum Teil erfolglose literarische Versuche. Ein Schauspiel „Anna" wird 1874 aufgeführt, aber nach zwei Vorstellungen wegen totalen Mißerfolges wieder abgesetzt. Ein 1876 im Prager Landestheater aufgeführter Einakter „Kein Gut, kein Mut" war hingegen, nach seinen eigenen Worten, ein „hübscher Erfolg". 1876 übersiedelt Mauthner nach Berlin, wo er sehr bald als Herausgeber, Redakteur und Kritiker großen Erfolg hat. Mauthner arbeitet für mehrere wichtige Zeitungen, so etwa das „Berliner Tageblatt", um die Jahrhundertwende eine der bedeutendsten Zeitungen Deutschlands. Er schreibt Feuilletons, welche dann zum Teil in Sammelbänden erscheinen, sowie Theater- und Literaturkritiken. Seine führende Rolle als Kritiker und Essayist spiegelt sich am Titelblatt eines Buches von E. Vollmer, „Berliner Theater=Kritiker" (2. Aufl. 1884), das mit fünf Porträt-Medaillons geschmückt ist. Diese stellen O. Blumenthal, Th. Fontane, P. Lindau, K. Frenzel und eben auch Mauthner dar. Neben seiner journalistischen Tätigkeit verfaßt er literarische Parodien, die sehr erfolgreich waren. Sie werden in „Nach berühmten Mustern" gesammelt, das 1902 bereits in 30. Auflage erscheint.

Mauthners zahlreiche Romane und Erzählungen sind heute nur mehr von historischem Interesse, müssen aber zu ihrer Zeit ebenfalls sehr bekannt gewesen sein: Viele von ihnen wurden in andere Sprachen übersetzt, in Fortsetzungen in den Zeitungen abgedruckt (so „Kraft" in der Wiener „Arbeiterzeitung" und „Der neue Ahasver" im „Berliner Tageblatt") und mehrere Male aufgelegt. Hier sind vor allem zu erwähnen: die drei „böhmischen" Bücher „Vom armen Franischko" (1879), „Der letzte Deutsche von Blatna" (1886) und „Die böhmische Handschrift" (1897), die das Motiv der Königinhofer Handschrift aufgreift; die zwei letzteren Bücher weisen deutlich deutschnationale Züge auf (im Alter hat Mauthner seinen Deutschnationalismus stark gemäßigt); weiters historische Romane wie „Xanthippe" (1884) und „Hypatia" (1892); schließlich eine Reihe von gesellschaftskritischen Romanen, so die Romantrilogie „Berlin W." (1886 – 1890) und „Der neue Ahasver" (1882), der von den Schwierigkeiten der Berliner Juden handelt und einige geradezu gespenstische Vorausahnungen des Nationalsozialismus enthält. Etwas weniger anspruchsvoll ist der Roman „Der Geisterseher" (1894). „Kraft" (1894) ist ein sozialkritischer Kriminalroman, in dem der Täter zwar bekannt ist, aber nicht entlarvt wird. Mauthners literarische Produktionen sind keine Meisterwerke der deutschen Literatur. Generell stehen sie mit seiner Sprachkritik in keinerlei Beziehung; nur hier und da finden sich Anklänge, so in „Der letzte Deutsche von Blatna" und „Xanthippe".

1893 beginnt Mauthner mit der Arbeit an den „Beiträgen zu einer Kritik der Sprache" – Sprachkritik soll den Menschen von der Herrschaft der Sprache erlösen. Die Hauptthesen sind wie folgt: Die Sprache und die Bedeutungen können nur auf individueller, psychologischer Ebene erklärt werden – Bedeutungen sind daher keineswegs intersubjektiv; unsere Sinne sind „Zufallssinne", d. h. die Welt könnte auch ganz anders sein, als wir sie „sehen"; Humes Auffassung des Naturgeschehens ist korrekt; die Sprache ist stets uneigentlich, d. h. metaphorisch und kann daher ungleich den mathematischen Termen – die Wirklichkeit nicht abbilden, sondern wird im Gegenteil in sie hineinprojiziert; die Sprache ist als Sprachgebrauch ein soziales Phänomen, aber es gibt kein „Sprachsystem" (langue); Sprechen/Sprache ist Denken; die Sprache gaukelt uns drei Bilder der Welt vor, das adjektivische, das verbale und das substantivische – nur das adjektivische korrespondiert (ohne abzubilden) mit der Realität, denn es korrespondiert mit den punktuellen Sinnesempfindungen. Das substantivische Bild hingegen erschafft eine irreale Welt der Dinge, und das verbale eine irreale Welt der Ursachen und Kräfte, gegen die Hume aufgetreten ist.

Die drei Bände der „Beiträge zu einer Kritik der Sprache" erscheinen zwischen 1901 und 1902 zum ersten Mal; sie werden viel beachtet, und ihre Rezensionen, auch die fachwissenschaftlichen, sind keineswegs alle so negativ, wie uns Mauthner glauben macht. Schon ab 1906 erscheint eine zweite Auflage, 1923 die dritte, die 1963 und dann noch einmal 1982 nachgedruckt wird. 1904 erscheint ein Essay

über Aristoteles, das weniger günstig beurteilt wird, obwohl gerade dieses Werk ins Englische übersetzt worden ist (1907). Mauthners lebenslange, wenngleich kritische, Sympathie für Spinoza dokumentiert sich in einem Essay von 1906.
1905 verläßt Mauthner Berlin und geht zunächst nach Freiburg. Seit 1909 lebt er in Meersburg am Bodensee, wo er ein Haus mit großartiger Sicht über den See erwirbt, das „Glaserhäusle".

1910 heiratet der nun 61jährige Mauthner in zweiter Ehe Hedwig Straub. Sicherlich nicht zuletzt durch diese Frau findet der zu Depressionen neigende Schriftsteller nochmals seine ursprüngliche Schaffenskraft zurück. 1910/11 erscheint als Weiterführung der Sprachkritik ein „Wörterbuch der Philosophie", das zwei Auflagen erlebte und 1972 und 1980 nachgedruckt wurde. Mauthners „Wörterbuch der Philosophie" ist für diejenigen, die ihn zum ersten Mal lesen, wahrscheinlich der beste Einstieg. In den enzyklopädischen Artikeln des „Wörterbuchs" kommen alle Vorzüge seiner Schreibweise, die scharfe Analytik, der Witz, sein enzyklopädisches Wissen, die unerwarteten Aus- und Einblicke, am besten zur Geltung, wohingegen die „Beiträge" viel schwieriger zu lesen sind.

Mauthners Grundidee im „Wörterbuch" ist, daß die Geschichte eines Wortes seine wahre Kritik ist, die Sprachkritik. Das „Wörterbuch" ist einerseits eine Darstellung und Systematisierung der Grundgedanken der Mauthnerschen Philosophie (besonders in den Artikeln „adjektivische Welt", „substantivische Welt", „verbale Welt"). Andererseits stellt es allgemein-philosophische Fragen unter dem Gesichtspunkt der Sprachkritik dar. Eine Stärke des „Wörterbuches" liegt in ausführlichen Wort-, bzw. Begriffsgeschichten, die aber nicht vom etymologischen, sondern vom kulturhistorischen Standpunkt aus verfaßt sind. Alle diese Analysen, von den „Beiträgen" bis zum „Wörterbuch", stellen eine „aktive" Sprachkritik dar. Es gibt aber auch eine „passive" Form, die sich im „Wörterbuch" in einer gewissen Tendenz zur Mystik (an der Frau Hedwig Mauthner nicht unschuldig sein dürfte) äußert. Wie alle Mystik, so ist auch die Mauthners nicht klar umrissen. Sie ist, wie er sagt, „gottlos" und besteht im schweigenden

FRITZ MAUTHNER

Innehalten (ähnlich der epoché der Stoa und der Skeptiker) und dem sprachlosen Sich-Auflösen des Ichs in der Welt.

Auch als Herausgeber der „Bibliothek der Philosophen" ist Mauthner geschätzt und erfolgreich. Er selbst bringt in dieser Reihe Werke von Agrippa v. Nettesheim und O. F. Gruppe heraus, sowie die Dokumente des seltsamen Streites über Lessings angeblichen Spinozismus (Jacobis Spinozabüchlein, 1912).

1912 versucht sich Mauthner nochmals als Novellist. Das kleine Buch „Der letzte Tod des Gautama Buddha" (1913) zeichnet einen sterbenden Buddha, der seiner eigenen Lehre nicht mehr traut und am liebsten nur noch schweigen möchte. Dieser Buddha verkörpert überdeutlich Mauthners Wunschträume.

Die letzten Lebensjahre widmet Mauthner der Arbeit an seinem am wenigsten gewürdigten Werk, „Der Atheismus und seine Geschichte im Abendlande", erschienen zwischen 1920 und 1923 in vier Bänden mit zusammen 2 200 Seiten. Dieses monumentale geistesgeschichtliche Werk könnte durchaus als sein bestes angesehen werden. Es ist ein Alterswerk in jedem guten Sinn des Wortes, die Ernte einer lebenslangen Beschäftigung mit den Werken der Aufklärer, Freigeister, Deisten und Ketzer. Obwohl Mauthner es als sprachkritische Geschichte des Wortes „Gott" einführt, hat es faktisch sehr wenig mit Sprachkritik zu tun. Der „Atheismus" teilt das Schicksal der anderen Arbeiten Mauthners: Obwohl es zunächst durchaus beifällig rezensiert wurde – wenn auch weniger als die „Beiträge" – so wurde es später nahezu totgeschwiegen. Dennoch erscheint es 1963 ein zweites und 1989 ein drittes Mal, findet also seine Leser. Unser Buch enthält die vermutlich erste wirklich gründliche Besprechung des „Atheismus"-Buches.

Der „Atheismus" war kaum erschienen, als im Meersburger Gemeinderat versucht wurde, Mauthner die Ehrenbürgerschaft (sie war ihm zum 70. Geburtstag verliehen worden) wieder abzuerkennen. Das Meersburger Gemeinderatsprotokoll vom 20. Januar enthält die Eintragung:

FRITZ MAUTHNER

Antrag der Mitglieder des Gemeinderats der Zentrumspartei auf Rücknahme der Verleihung des Ehrenbürgerrechts an Mauthner anläßlich seines 70. Geburtstages.
Mit Stimmenmehrheit wurde heute beschlossen, die Zurücknahme abzulehnen und dem Antrag nicht zu entsprechen.

Die Stimmenmehrheit war äußerst knapp.

Mauthner starb am 29. Juni 1923. Sein Grab trägt die Inschrift „Vom Menschsein erlöst".
Die zu Anfang erwähnte eigenartige Situation, daß man Mauthner einerseits immer wieder ein Scheitern seiner Philosophie voraussagte, und daß sein Werk andererseits stets von neuem Interesse findet, bildet den Rahmen für die Beiträge des vorliegenden Bandes. Seine Autorinnen und Autoren versuchen, Mauthners Sprachkritik genauer zu analysieren und Gründe für oder gegen das ominöse „Scheitern" aufzuweisen – individuelle, kulturgeschichtliche und vor allem systematische. Aber ebenso gilt es, darüber nachzudenken, ob vielleicht jede Sprachkritik, und so auch die Mauthners, von vornherein zum Scheitern verurteilt sein muß. Dies ist umsomehr eine Frage, als Mauthner ja nicht einfach ein bloßer Vorläufer der analytischen Philosophie ist; weit eher bietet er ein Paradigma von Sprachkritik schlechthin, eventuell auch in seinem „Scheitern".

Ein Vorläufer und Anreger für die Sprachphilosophie des 20. Jahrhunderts war Mauthner freilich auch, und dies weit stärker, als es der lapidare Satz 4.0031 von Wittgensteins „Tractatus" vermuten läßt:

Alle Philosophie ist „Sprachkritik". (Allerdings nicht im Sinne Mauthners.)

Der Satz steht völlig isoliert im „Tractatus", und so scheint es, als sei Mauthner in dieses Werk so hineingeraten wie Pontius ins Credo. Doch der Schein trügt. Zwischen Mauthner und Wittgenstein, insbesondere dem Wittgenstein der „Philosophischen Untersuchungen", bestehen nicht wenige thematische Paralle-

FRITZ MAUTHNER

len. Die Antwort, in welchem Sinne denn alle Philosophie Sprachkritik sei, ist Wittgenstein übrigens schuldig geblieben. Dort, wo er sie betreibt, geschieht es oft gerade „im Sinne Mauthners".

Mauthner war ohne Zweifel einer der Väter der später so populär gewordenen sprachanalytischen Philosophie; deutlicher als in mancher modernen Darstellung zeigt sich bei ihm auch die inhärente Problematik eines solchen Vorgehens, die wir heute mit dem Schlüsselwort „Selbstreferenz" kennzeichnen. Zu seiner Ehre sei es gesagt, daß Mauthner – ungleich der klassischen analytischen Philosophie – die erkenntnistheoretischen Schwierigkeiten klar gesehen hat, die entstehen, wenn man die Sprache allein als ein in sich abgeschlossenes, in sich selbst kreisendes System auffaßt.

Handschrift von Fritz Mauthner

FRITZ MAUTHNER

Begegnung mit Fritz Mauthner
Robert Faesi

War Dehmel mein Leibpoet, so gleichzeitig Fritz Mauthner der Lehrmeister meiner Denkfähigkeit. Wochenlang hatte ich mir ein gehöriges tägliches Pensum der drei schweren Bände seiner „Kritik der Sprache" vorgeschrieben und arbeitete es vor dem späten Mittagsmahl durch, bis der Kopf versagte. Die These von der Unfähigkeit der Sprache, die er ein Wörterbuch verblaßter Metaphern nannte, zu Zwecken der Erkenntnis mit äußerster Schärfe durchgeführt zu haben, macht die Bedeutung des Werkes aus. Wie immer man es heut einschätze, mich hat es gegen die Verführung des Wortes immun gemacht.
Seiner ganzen Wesensart nach gehörte Mauthner zu dem so wichtigen Typus des Skeptikers, der mit seiner Desillusionierung unhaltbar gewordener Ideale und entleerter Konventionen immer wieder eine notwendige Funktion ausübt und sogar seine pathetische Würde haben kann, wie damals Ibsen oder, soweit er Verneiner war, Nietzsche.
Ich hatte mir Mauthner unwillkürlich als gestrengen, würdigen und wuchtigen Gelehrten vorgestellt, aber als ich ihn durch Helene Schwarz kennen lernte, hatte ich einem beweglichen und munter witzigen Herrn Rede zu stehen, der etwa so aussah, als hätte sich ein alter pfiffiger Kleiderjude ohne den Bart abzulegen in Mephisto verwandelt. Und es ist ja ganz in Ordnung so, gab ich zu, als ich seine geistige Physiognomie besser überblicken konnte.
Zu ihr gehörte, als Betätigung seiner entlarvenden Spottlust, auch das Talent der Travestie, „Nach berühmten Mustern". Er parodierte die Götter und Götzen des poetischen Parnasses, für die es an der Zeit war, neueren den Platz zu räumen: die Sentimentalitäten und Scheinnaivitäten etwa in Berthold Auerbachs „Taufrischer Amme", vor allem aber die Germanitäten von Gustav Freytag bis Richard

FRITZ MAUTHNER

Wagner, wogegen er vor Gottfried Keller aus Verehrung haltmachte. Als gelegentlicher Parodist habe ich selber von ihm gelernt, und was ich Geistern seiner Art – später etwa Shaw – für eine Berechtigung zuschreibe, in einem Gedicht „Dem Spott sein Recht" zum Ausdruck gebracht.

> Kammerdiener kennen keine Helden
> Ketzern gilt der Heil'genschein als Schein;
> Was die Spötter über Götter melden,
> Braucht es nicht als Lug und Trug zu sein?
>
> Wenn in Ehrfurcht alle wir erstürben,
> Würden Götzen je gestürzt?
> Wehe, wenn wir um Gespenster würben!
> Witz ist auch ein Salz, das würzt.

Auch auf die kecke Legierung von Berlinerwitz und jüdischer Kritiklust bei Alfred Kerr könnten sich diese Verse beziehen. Neben dem faustischen Dehmel und dem mephistophelischen Mauthner, also neben meinem Leibdichter und meinem Denkmeister stand Kerr als mein Theaterkritiker.

FRITZ MAUTHNER

Buchwidmung für Bruder Ernst
Zueignung des „Wörterbuches der Philosophie"
Brief von Fritz Mauthner

Lieber Ernst,

ich möchte Dir dieses Buch widmen.
Ich habe mich oft meines treuen und dankbaren Gedächtnisses gerühmt. Darf ich Dich heute an ein Erlebnis erinnern, das etwas mehr als 50 Jahre zurückliegt? Alt genug für solche Erinnerungsfeste sind wir ja geworden.
Ich war etwa 8 Jahre alt, Du 13. In unserem Kinderzimmer saßen wir fünf Brüder eines Abends, ein jeder an seinem kleinen Tischchen bei einer Talgkerze, mit unseren Schularbeiten beschäftigt. Ich hatte für den Prüfungstag, für den morgenden Tag also, in ein Heft die Gedichte abzuschreiben, die wir im Laufe des Semesters auswendig gelernt hatten. Eben hatte ich den letzten Vers abgeschrieben, als ich so ungeschickt war, das Tintenfaß anstatt der Streusandbüchse zu ergreifen und es über das Heft auszuleeren. Ich heulte jämmerlich; ich war wohl wehleidig. Der Schaden war freilich kaum wieder gut zu machen, weil meine Schreibfertigkeit damals noch kaum ausreichte, 32 Seiten in einer Nacht zu leisten. Für den Spott brauchte ich nicht zu sorgen. Du aber kamst an mich heran, überblicktest das Unheil prüfend und sagtest dann; „Leg' dich nur ruhig schlafen; ich werde dir die paar Seiten abschreiben." Ich tröstete mich schnell, schlief wirklich bald ein, und des Morgens fand ich das dumme Heft in Deiner schönen Handschrift auf meinem Tischchen, neben der herabgebrannten Kerze.
Die Menschen ändern sich nicht. Ich habe noch mehr als einmal vom Tintenfasse unratsamen Gebrauch gemacht; und Du hast noch mehr als einmal gearbeitet, und mich schlafen geschickt. Ich weiß, ich stehe nicht allein mit solchen Erinnerungen an Deinen Charakter.
Mit treuem und dankbarem Gedächtnis möchte ich Dir dieses Buch widmen; die Ruhe, die mir eine Bedingung für meine Arbeit war, verdanke ich Dir und

FRITZ MAUTHNER

den beiden andern, die Du kennst. Man könnte die Stille, welche Bedingung und Ziel zugleich einer solchen Arbeit ist, noch mit andern Namen rufen: ich verdanke Euch meine Unabhängigkeit, meine Freiheit. Die äußere Freiheit, die innere zu suchen. Man könnte anstatt von Freiheit auch von Lebensmöglichkeit sprechen. Aber wir beide lieben die überlauten Worte nicht, nicht wahr?
Ich möchte Dir noch etwas sagen. Man spricht darüber nicht jeden Tag. Als ich vor kurzem 60 Jahre alt wurde, brachte mir die Post allerlei Zeitungsblätter ins Haus, in denen meiner ganzen Tätigkeit mit Achtung und Liebe gedacht war. Auch sonst kommt das mitunter vor. Dann hat mir immer etwas gefehlt: daß ich solche Zeichen guter Meinung nicht mehr unserer Mutter vorlegen kann. Ihr unbestechliches Urteil hätte sich durch keinen Zeitungskram irre machen lassen; aber es wäre ihr doch lieb gewesen, auch von diesem Kinde etwas Freundliches zu hören.
Ich glaube fast, mir ist nicht ganz klar, was ich Dir damit eigentlich noch sagen wollte. So ungefähr: ich gedenke auch der Mutter, wenn ich just Dir dieses ungefüge Buch widme.

Meersburg a. Bodensee, im Mai 1910

Dein Fritz

Bemerkenswert die Menschlichkeit Fritz Mauthers, wie er in der Buchwidmung seine Liebe zu seinen Geschwistern und seiner Mutter Ausdruck verleiht.

Auszug aus „Wörterbuch der Philosophie"

Fritz Mauthner

A = A. – Der Buchstabe A ist, weil die Alphabete aller in Betracht kommenden Sprachen mit ihm anfangen, zu der Ehre gelangt, Symbol für jeden Gegenstand des Denkens zu werden. Der allgemeinste Satz nun, der allergemeinste lautet in dieser symbolischen Darstellungsweise: A = A. Der Satz gilt für so unzweifelhaft wahr, daß er von der formalen Logik gern zum Ausgangspunkte genommen wird, wie er denn auch in der alphabetischen Ordnung an der Spitze steht, weil er ein Produkt des traditionellen Alphabets ist. Und weil er so unbedingt gewiß scheint, darum muß auch jede Philosophie gewiß sein, die logisch aus ihm herausgesponnen wird. Wie denn Fichte seine Wissenschaftslehre aus ihm herauszuspinnen versuchte.

Nur daß sich nichts aus ihm herausspinnen läßt. Es sind nämlich zwei Fälle dieser identischen Gleichung möglich; in dem einen Falle, in dem der vollständigen Tautologie, ist der Satz wirklich richtig, aber so leer, daß er außerhalb der Logik schon den Verdacht des Blödsinns erregen müßte; in dem andern Falle, wo auf den beiden Seiten des Gleichheitszeichen nur gleiche Werte stehen, wo zwei Werte gleich genannt werden, weil für das menschliche Interesse ein Unterschied nicht besteht oder nicht nachzuweisen ist, da ist durch Berufung auf A = A dem Betruge oder der Selbsttäuschung Tür und Tor geöffnet. Wer dem Indianer Messing für Gold gibt, weil Gold ein gelbes Metall sei, wer die Gleichheit aller Menschen verkündet, weil der Australneger auch ein Mensch sei, der zieht die praktische Konsequenz aus dem Satze A = A. Jeder Fälscher zieht diese Konsequenz. Der Fabrikant von künstlichem Mineralwasser, sein bezahlter Sachverständiger und das zahlende Publikum, sie alle schließen: das künstliche Wasser enthält genau die gleichen Bestandteile wie das natürliche, die beiden Flüssigkeiten sind also gleichwertig, nach dem Satze A =A. Ich habe aber schon einmal (Krit. d. Sprache III.) gelehrt, daß auch der Satz A = A – b wahr sein könne; wenn wir entscheiden wollen, ob eine totgeborene Menschenfrucht ohne Kopf, ob das (noch nicht gefundene) Zwischenglied zwischen Affe und Mensch ein Mensch sei, so hängt unsere Entscheidung nicht von der Wortbedeutung ab, sondern, die neue Bedeutung von unserer Entscheidung.

In der Natur gibt es nicht einmal Identität der identischen Dinge, sobald Zeit und Raum mit zur leibhaften Natur gerechnet werden. Wir Menschen nur sehen, wie von Zeit und Raum, von kleinen Ungleichheiten ab, und reden von Gleichheit oder gar von Identität.

In der Wirklichkeit gibt es keine Gleichheit; in der lebendigen Natur gibt es Identität nicht. Der Satz A = A ist so wahr, daß er in der ganzen Welt auf nichts paßt als auf sich selber. Er ist das principium identitatis absolutae, das Prinzip ist aber auch nur auf ihn selbst anwendbar. Überall sonst gibt es nur eine identitas relativa. So ist dieser Kardinalsatz ein schönes Symbol für die Tauglichkeit der menschlichen Sprache, die Natur sprachlich zu erkennen. Die Schlange, die sich in den Schwanz beißt, das Symbol der ewigen Wahrheiten oder der Tautologien.

FRITZ MAUTHNER

Werkverzeichnis
(Eine Auswahl aus den literarischen und philosophischen Werken
von Fritz Mauthner)

Nach berühmten Mustern: Parodistische Studien. Bern/Leipzig, 1880
Vom armen Franischko: Kleine Abenteuer eines Kesselflickers.
    Bern/Leipzig, 1880
Der neue Ahasver: Roman. Dresden/Leipzig, 1882
Credo: Gesammelte Aufsätze. Berlin, 1886
Von Keller zu Zola: Kritische Aufsätze. Berlin, 1887
Der Pegasus: Eine tragikomische Geschichte. Dresden/Leipzig, 1889
Bekenntnisse einer Spiritistin. Berlin, 1891
Lügenohr: Fabeln und Gedichte in Prosa. Stuttgart, 1892
Hypatia: Roman aus dem Altertum Stuttgart, 1892
Zum Streit um die Bühne: Ein Berliner Tagebuch. Kiel/Leipzig, 1893
Aus dem Märchenbuch der Wahrheit: Fabeln und Gedichte in Prosa.
    Stuttgart, 1893
Die böhmische Handschrift: Roman. Paris/Leipzig/München, 1897
Spinoza. Berlin/Leipzig, 1906
Die Sprache (Die Gesellschaft: Sammlung sozialpsychologischer Monographien). Frankfurt, 1906
Beiträge zu einer Kritik der Sprache: Bd. 1 – 3 Stuttgart/Berlin, 1906
Wörterbuch der Philosophie: Neue Beiträge zu einer Kritik der Sprache.
    München/Leipzig 1910
Jacobis Spinoza-Büchlein: Nebst Replik und Dublik (=Bibliothek der
    Philosophen, Bd. 2) München, 1912
Agrippa v. Nettesheim, Die Eitelkeit und Unsicherheit der Wissenschaften und
    die Verteidigungsschrift. München/Wien, 1912
Der letzte Tod des Gautama Buddha. München/Leipzig, 1913
Gespräche im Himmel und andere Ketzereien. München/Leipzig, 1914
O.F. Gruppe, Philosophische Werke I: (Bibliothek der Philosophen, Bd. 12).
    München, 1914

FRITZ MAUTHNER

Erinnerungen I: Prager Jugendjahre. München, 1918

Muttersprache und Vaterland. Leipzig, 1920

Der Atheismus und seine Geschichte im Abendlande, Bd. 1 – 4. Stuttgart/Berlin, 1920

Spinoza: Ein Umriß seines Lebens und Wirkens. Dresden, 1921

Selbstdarstellung. Die Deutsche Philosophie der Gegenwart in Selbstdarstellungen, Bd. 3. 1922

Gottlose Mystik, hrsg. von Hedwig Mauthner. Dresden, 1925

Die drei Bilder der Welt: Ein sprachkritischer Versuch, aus dem Nachlaß, hrsg. von Monty Jaocobs. Erlangen, 1925

Bemerkenswerte Schriften über Fritz Mauthner:

Fritz Mauthner, Das Werk eines kritischen Denkers, herausgegeben von Elisabeth Leinfellner und Hubert Schleichert, Wien/Köln/Weimar 1995

NACHWORT

Vor einigen Jahren wurde der „Kulturkreis Bodensee" gegründet, der von kulturtätigen Menschen aus Baden-Württemberg, Bayern, Vorarlberg, Fürstentum Liechtenstein und den Kantonen Thurgau, St. Gallen und Appenzell getragen wird.
Der „Kulturkreis Bodensee" ist kein Verein, keine Organisation mit Vorstand, Präsident, Kassier, Beisitzer, er erhebt keine Mitgliederbeiträge, er ist eine lose Vereinigung mit freundschaftlichem Charakter, ohne Statuten, Reglementen, die Teilnahme an den unregelmäßigen Zusammenkünften ist freiwillig.
Im Zentrum lebt die Idee die schöpferische Kultur im Bodenseeraum aufzuarbeiten, zu entwickeln. Wichtig sind dabei die Begegnungen mit Gleichgesinnten, die fördernden Gespräche, die Anregungen und auch die Verwirklichung gewisser Pläne. Ein Beispiel solcher Pläne ist die Herausgabe von Büchern, die die Kultur im Bodenseeraum festhalten, widerspiegeln. Ein erster Band, „Tausend Jahre Dichtung am Bodensee", herausgegeben im Verlag Huber in Frauenfeld, ist 1994 erschienen.
Im Vordergrund unserer Tätigkeiten liegt keine wissenschaftliche Absicht, auch nicht in der Darstellung der Bücher, sondern das Aufmerksammachen eines weiten Kreises auf das reiche, geistige Leben im Bodenseeraum mit seinen vielen, menschlichen und landschaftlichen Bezügen.
Zum vorliegenden zweiten Band „Philosophien am Bodensee" sind noch einige Bemerkungen notwendig. Otto Friedrich Bollnow wirkte vor allem in Tübingen, das nicht zum eigentlichen Bodenseeraum gehört. Aber Bollnow hatte viele Beziehungen zu unserer Landschaft, mit den Studenten aus dieser Region, mit der Liebe zum Bodensee. Er weilte öfters in Amriswil, wo er auch im Jahre 1975 mit einer Feier, an der Prof. Dr. Gottfried, Ludwigsburg, Prof. Dr. Klaus Giel, Reutlingen, Prof. Dr. Walter Voegeli, Zürich und Prof. Dr. O. F. Bollnow sprachen, geehrt wurde. Es gibt in Amriswil ein reiches Bollnow Archiv, die Biogra-

NACHWORT

phie über Bollnow entstand bei vielen Gesprächen auf Spaziergängen am Bodensee.

Bei C. G. Jung und Ludwig Binswanger stand die Psychiatrie im Vordergrund ihres Wirkens, aber sie reichte doch weit in die Philosophie hinein.

C. G. Jung wurde in Kesswil am Bodensee geboren aber schon als Säugling verließ er mit seinen Eltern den Bodenseeraum. Sein Leben und Wirken spielte sich in anderen Gegenden Deutschlands und der Schweiz ab. Auch war er eher Psychologe als Philosoph, weshalb hier auf eine eingehende Würdigung seines Lebenswerkes verzichtet wurde.

Von Martin Heidegger haben wir bewußt einige im Bodenseeraum gewachsene, Texte aufgenommen.

Bei Mauthner war die Darstellung eingeschränkt, da praktisch das gesamte Werk mit allen Unterlagen nach Amerika gebracht wurde, in Meersburg ist leider nichts mehr vorhanden.

Bei dieser Gelegenheit möchte ich meinen Dank an verschiedene Helfer aussprechen. Besonders danken möchte ich dem Gessler-Verlag in Friedrichshafen, für die angenehme Zusammenarbeit und die gediegene Gestaltung des Buches, ferner gehört mein Dank einigen Persönlichkeiten: Monika Taubitz, Meersburg; Ulrich Hoerni, Erbengemeinschaft C. G. Jung; Verlag Vittorio Klostermann, Frankfurt am Main; Hans Rudolf Kuhn, Administrations- Direktor des C. G. Jung-Institutes Zürich; Gerd Klaus Kaltenbrunner, D-Kandern, Yves Dalla Corte, Romanshorn.

Dank gebührt auch den Donatoren, die mit ihrem Beitrag des Erscheinen des Buches ermöglichten.

QUELLENVERZEICHNIS

Otto Friedrich Bollnow

Dino Larese: Philosophie der Hoffnung (Originalbeitrag).
Otto Friedrich Bollnow: Über die Tugenden des Erziehers aus: „Kinderprobleme-Problemkinder", Asperger und Haider, Salzburg 1978.
Otto Friedrich Bollnow: Nietzsche und Leopardi, Archiv Dino Larese-Stiftung, Amriswil.

Julius Schmidhauser

Julius Schmidhauser: Glorie und Tragödie des Menschen, Archiv Dino Larese-Stiftung, Amriswil.
Dino Larese: Der steinige Weg des Denkens (Originalbeitrag).

Martin Heidegger

Dino Larese: Mit Martin Heidegger in Amriswil (Originalbeitrag).
Emil Staiger: Sein und Zeit (Ansprache), Archiv Dino Larese-Stiftung, Amriswil.
Martin Heidegger: Frage nach dem Aufenthalt des Menschen, (Dankrede), Archiv Dino Larese-Stiftung, Amriswil.
Martin Heidegger: Zur Einweihungsfeier für das Gymnasium in Meßkirch, Archiv Dino Larese-Stiftung, Amriswil.
Martin Heidegger: Wirkendes Wort (Lesung 1964), Archiv Dino Larese-Stiftung.

Ludwig Binswanger

Hans Geigenmüller: Ludwig Binswangers Weg zur Daseinsanalyse, Archiv Dino Larese-Stiftung, Amriswil.
Ludwig Binswanger: Vom anthropologischen Sinn der Verstiegenheit, Archiv Dino Larese-Stiftung, Amriswil.
Dino Larese: Ludwig Binswanger (Originalbeitrag).

Carl Gustav Jung

Kurt Guggenheim: Einmal nur – Tagebuchblätter 1970 -1980, Archiv Dino Larese-Stiftung, Amriswil.
Karl Kerényi: C.G. Jung oder die Durchgeistigung der Seele, Archiv Dino Larese-Stiftung, Amriswil.

QUELLENVERZEICHNIS

Carl Gustav Jung: Der Dichter, aus: „Carl Gustav Jung, Psychologie und Dichtung", Walter Verlag, Düsseldorf und Zürich, 1954 und 1971.

Paul Häberlin

Peter Kamm: Paul Häberlin, aus: „Paul Häberlin, Ein Leben im Dienste der Wahrheit", Amriswiler Bücherei, 1988.
Hannes Maeder: Die tragenden Gedanken von Häberlins Philosophie, aus: „Paul Häberlin, Ein Leben im Dienste der Wahrheit", Amriswiler Bücherei, 1958.
Paul Häberlin: Philosophie, aus: „Paul Häberlin, Ein Leben im Dienste der Wahrheit". Amriswiler Bücherei, 1958, mit freundl. Genehmigung der Paul-Häberlin-Gesellschaft.

Leopold Ziegler

Leopold Ziegler: Kurz gefaßter Lebensabriß, aus: „Leopold Ziegler, Briefe 1901-1958", Academia-Verlag, St. Augustin 1963, 2. Auflage 1997.
Leopold Ziegler: Von der Muttergottheit, (offener Brief, mit freundl. Genehmigung der Leopold -Ziegler- Stiftung, Oberried,) Erstveröffentlichung Merkur, 1951.

Fritz Mauthner

Elisabeth Leinfellner/Hubert Schleichert: Fritz Mauthner, der schwierige Kritiker, aus: „Fritz Mauthner, Das Werk eines kritischen Denkers", Böhlau Verlag Wien · Köln · Weimar, 1995.
Robert Faesi: Begegnung mit Fritz Mauthner, aus: „Robert Faesi, Erlebnisse, Ergebnisse, Erinnerungen", Atlantis Verlag Zürich 1963.
Fritz Mauthner: Buchwidmung für Bruder Ernst (Brief), Archiv Dino Larese-Stiftung, Amriswil.
Fritz Mauthner, Auszug aus „Wörterbuch der Philosophie", Diogenes-Verlag Zürich, 1980, 1. Auflage 1910.

QUELLENVERZEICHNIS

Bildquellen

Archiv Stiftung Larese, Amriswil, Seite 29, 39, 49, 60, 71, 81, 126, 149, 154, 175
G.W. Bachert, München, Seite 7
W. Ernst Böhm, Ludwigshafen, Seite 71
Erbengemeinschaft C.G. Jung, © 1998, Seite 111
Erker Verlag, St. Gallen, Seite 53
Dr. Gerhard Fichtner, Tübingen, Seite 75
Paul Häberlin Archiv, Basel, Seite 105, 119
Dr. Rolf Hess, Amriswil, Seite 115
C.G. Jung Institut, Zürich, Seite 101
Keystone, Zürich, Seite 97 unten
Peter Ludwig, Darmstadt, Seite 64 unten
Siegfried Lauterwasser, Überlingen, Seite 145, 161
Elisabeth Leinfellner, Wien, Seite 167
Ringier Bilderdienst, Zürich, Seite 97 oben
O. Schmid, Amriswil, Seite 64 oben

Donatoren

Die Herausgabe dieses Buches wurde von folgenden Donatoren unterstützt:

Dr. Claus Hilsdorf, Teufen
Dr. Heinrich Mezger-Stiftung, Weinfelden
Regierung des Kantons Thurgau
Peter Schifferle, Delegierter der SIA-Gruppe Frauenfeld
Edwin Stäheli, Unternehmer, Amriswil
Thurgauer Kantonalbank
Jörg Tschopp, Beauftragter des Präsidiums von Rotary International, Amriswil
Gemeinde Amriswil
Stadt Friedrichshafen